经济转型与要素内部投入结构

栾大鹏／著

国家行政学院出版社

图书在版编目（CIP）数据

经济转型与要素内部投入结构／栾大鹏著．— 北京：国家行政学院出版社，2014.4

ISBN 978-7-5150-1165-3

Ⅰ．①经… Ⅱ．①栾… Ⅲ．①中国经济－经济增长－研究 Ⅳ．①F124.1

中国版本图书馆CIP数据核字（2014）第082557号

书　　名	经济转型与要素内部投入结构
作　　者	栾大鹏
责任编辑	李少军
出版发行	国家行政学院出版社 （北京市海淀区长春桥路6号100089）
电　　话	（010）68920640　68929037
编 辑 部	（010）68928873
经　　销	新华书店
印　　刷	北京市昌平开拓印刷厂
版　　次	2014年4月北京第1版
印　　次	2014年4月北京第1次印刷
开　　本	787毫米×1092毫米　1/16
印　　张	10.5
字　　数	145千字
书　　号	ISBN 978-7-5150-1165-3
定　　价	21.00元

出 版 说 明

近年来，中国工业化、信息化、城镇化、市场化、国际化进程加快，国民收入稳步增长，经济结构转型提速。同时，中国进入了一个高风险的经济社会大转型、大发展时期，经济社会发展中不平衡、不协调、不可持续问题突出。其中，经济增长的资源环境约束强化、投资和消费关系失衡、收入分配差距较大、科技创新能力不强、产业结构不尽合理、城乡区域发展不协调、就业总量压力和结构性矛盾并存、社会矛盾明显增多等问题表现得尤为明显。此外，随着中国国际地位不断提升和多极化趋势的发展，地区争端增多和多边贸易中的利益纠葛等一系列问题的出现，都亟需在政策层面给予回应。

事实上，当前中国面临的诸多“疑难杂症”并非中国独有，如行政效率的提高、公共资源的分配与监督，城市化进程中的建设与治理、多元文化的社会融合与社会和谐、新技术新传媒给政治生活带来的机遇与挑战、国际组织与国际条约体系对国内的多重影响等问题具有相当的普遍性。

发展中国家被这些问题困扰，发达国家也没有完全解决这些问题。所以，问题的普遍性或世界性，使得当代执政者在面临和解决这些问题时，必须具有国际视野和创新观念，而不能拘泥于既有的执政经验和套路，也不应囿于一地一国的有限资源。

面对这种种挑战，我国各级党政领导干部和公务员应具有较强的应对问题、开拓局面、保持稳定、推动发展的综合素质与能力，应不断地主动拓宽理论和知识视野，积极跟踪世界范围内最新而有效的解决问题的政治实践模式，谨慎探索和总结中国现实中的成功经验。同时，也更需要知识阶层积极研究中国社会转型期的新形势、新问题，为应对挑战、解决问题提供智力支持。

“政治前沿新知识文库”是基于上述设想而产生的。这套文库以“资政”为目的，以世界眼光和创新视角聚焦公共政策与治理、社会建设与发展、政党与政治权威、政府与新技术、经济发展与金融战略、国际问题与国际战略等方面的重大问题，将多学科研究的前沿知识与“国家治理”实践中的重要政治、政策问题结合起来，力图打通理论、政策和实践的边界，让理论和政策更好地源于实践、关怀实践。

本书库致力于提供解决现实问题的理论参考、世界经验和丰富案例，以中高级党政领导干部、公务员、政策研究与制定者为主要读者对象，致力于更新其理论视野，提升其执政能力，努力打造影响深远的出版工程。

应该说，本书库是国内知识界在政治前沿问题研究上的一次较为全面的展示，是力图将学术科研界的研究成果转化为政治实践的有益尝试。这套丛书在编写过程中摒弃了传统的体系性的学科知识介绍，而以针对性研究问题的方式出现，看似没什么章法，实则切中肯綮。它既是实践的探索，也是实践的总结，既是经验的浓缩，也是经验的拓展，既是理论的创新，也是理论的积淀。我们认为，不论最终效果如何，这种尝试对于中国转型期许多问题的深入研究，将提供一种新的解决问题的思路。

尝试诚可贵，然纰漏难免。我们也希望能够得到各方面的批评和建议，帮助我们完善这个文库，为读者提供更优质服务，为实现“中国梦”多出一份力。

政治前沿新知识文库编委会

2013 年 5 月

目录

导　论

生产要素内部投入结构，是本书所提出的一个新的概念。其主要是指资本、劳动以及人力资本三个生产要素各自在产业间或层次上的投入结构（或比例）。并可具体界定为资本、劳动各自在产业间的投入结构（或比例）和人力资本在层次上的投入结构（或比例）。之所以提出这个概念，重点基于以下两方面的考虑：一是已有研究发现，在长期内，除技术进步和生产要素总量投入以外，诸如产业结构等一些结构性因素的变动，也会对国家或地区的经济增长产生重要影响。而生产要素内部投入结构，从本质上讲属结构性因素的一种；二是已有研究得到的相关结论表明，诸如产业结构等结构性因素的变动之所以会影响经济增长，主要在于其会通过改变生产要素的内部投入结构，来影响要素的产出效率水平。

一、选题背景和研究意义

（一）选题背景

对于一个国家和地区而言，经济增长的重要意义是不言而喻的。虽然经济增长不是经济社会发展的最终目标，却是经济社会发展的重要内容之一，更是人类社会实现全面可持续发展的重要物质基础和必要现实条件。这也就是即便在发展已经成为时代主旋律的今天，经济增长问题仍然为国内外学者所广泛关注的重要原因之一。从实践上来看，自实施改革开放以来，我国经济在总量上保持了持续的高增长态势，实际国内生产总值年均增长速度达到 9% 以上，远高于该时期的世界平均水平。长期以来的高增长，在创造出“中国的奇迹”的同时，也使得中国成为了世界各国所普遍关注的焦点。在此背景下，探讨和研究我国经济增长的动力、动因等相关问题，愈加成为一个热点领域。自上世纪90年代中期以来，越来越多的国内外学者，开始从不同角度、不同层面，应用不同的方法，对近些年我国经济增长的动力、动因，以及经济增长进程中所存在的问题等展开探索，期间也得出了很多富有见解性的结论。应该说，这一方面为后续相关研究的有序开展奠定了更加坚实而稳固的理论基础，一方面也为我国经济社会在未来的快速健康发展提供了很多切实而可行的实践经验。

然而需要指出的是，在相关研究不断增多、深化，以及逐步取得推进和拓展的同时，也引致了一些新问题的出现，并集中体现在以下两个方面：第一，从横向维度来看，对于某些共同的话题，不同学者往往采取不同的研究方法来展开讨论，同时也得出了很多不同的研究结论，因而针对同一问题，存在着不同学者持不同观点和态度的现象；第二，从纵向维度来看，伴随着经济增长问题相关研究的逐渐深入，越来越多影响经济增长的因素不断地被发现和提出，很多新的研究结论陆续地被提出和建立。这使得在已有研究不断得到完善和修正的过程中，很多先前的相关研究结论也在一定程度上被动摇。更为重要的是，这两方面问题的存在也就表明了，关于我国经济增长的某些相关问题，在学术界还远没有形成统一的定论，故而也就有必要进一步地展开深层次的讨论。而且，这同时也说明了，在发展成为时代主题的今天，围绕中国的经济增长问题展开探索和论证，仍具有着十分重要的理论和现实意义。也正是因为如此，本书首先将选题的重点落在中国的经济增长问题上。

正如上面所指出的那样，对于一个国家或地区的经济增长而言，其现实中的影响因素着实有很多。因此，如果试图将所有与经济增长有关的因素都考虑和囊括在内，继而来讨论一个国家或地区的经济增长问题，注定将是无功而返的。这也就意味着，在研究和探讨我国经济增长问题时，必须要选择一个或几个具体的点来进行切入。而且一般来说，关于经济增长，又需从短期和长期两个视角来进行划分。因为依据正统的西方经济理论，首先，凯恩斯主义学派认为，短期内，一个国家或地区的经济增长主要取决于消费、投资、出口三驾马车的拉动。即对于短期内（非均衡）的经济波动或经济增长，主要与社会的有效需求水平有关；其次，依据新古典及内生增长理论，长期内，一个国家或地区的经济增长，主要取决于生产要素的投入和技术进步的带动，即对于长期内（均衡）的经济增长，主要与各生产要素的投入量以及技术水平的变化情况有关（也就是取决于总供给方面）。这也就是说，研究中国的经济增长问题，必须要确定所关注的是短期还是长期，在此基础上，再来选择具体的研究切入点。

遵循着这一逻辑思路，本书进一步将我国的长期经济增长问题选作为具体的研究对象。这一方面是因为在当前，人们更为关心的是我国的经济能否以及如何能够在未来的结构调整中继续保持高增长态势；一方面是由于进入本世纪以后，中国经济已经步入了“需求约束”经济时代。中国经济发展的短期效应时代已基本结束，今后的经济增长，将越来越依赖于长期因素（胡永远和杨胜刚，2003）[1]。在此基础上，再以理论和现实依据为指导，将研究的切入点具体落在生产要素的内部投入结构上。这又是因为在近些年来，随着产业结构的不断调整、教育结构（阶段或层次结构）的不断变化，我国国内生产要素的内部投入结构也随之发生了动态变化。而且从一些研究中我们能够发现，生产要素内部投入结构上的变动，往往会在很大程度上影响到要素自身的配置和产出效率水平，继而对经济增长和增长的方式产生重要影响。从实践上来看，这也就意味着，在“转方式、调结构”成为国家经济社会发展重点的背景下，当前及未来较长一段时期内，通过对生产要素内部投入结构进行合理地规划和调整，继而来提高要素资源的配置和产出效率水平，对于推动我国经济增长方式由“外延型”向“内涵型”转变来说，注定将具有着极其重要的现实意义。然而我们却能够发现，关于生产要素内部投入结构变动对于我国经济增长所具有和形成的实际影响，以及在今后“转方式”和“调结构”的过程当中，应如何来合理而有效地对生产要素的内部投入结构进行调整这两个话题，相关研究尚没有能够给出有力的解释和回答。当然，对于以哪些具体的指标来衡量资本、劳动以及人力资本的内部投入结构，本书将在后面陆续地给出说明。

（二）研究意义

如前所述，从近些年来看，虽然关于经济增长问题，以及关于我国长期经济增长问题的相关研究日益增多，研究的视角也变得愈加广泛，但是从生产要素的层面来看，已有关于我国长期经济增长问题*的各方面研究，还是多侧重于从生产要素投入数量、生产要素之间投入结构等两个方面来进行切入。相比之下，关于生产要素内部投入结构上的变动是否会影响我国经济增长、生产要素内部投入上的结构变动为何会影响我国经济增长，以及生产要素内部投入结构上的变动对于我国经济增长所具有和形成的实际影响等三方面的研究，仍显得十分的欠缺和不足。而且更为重要的一点是，即便是从生产要素内部投入结构这一层面来进行切入的一些相关研究，也尚未能够对生产要素内部投入结构变动对于我国经济增长的影响展开全面的盘查。因此，本书将会在已有研究之基础上，从生产要素内部投入结构的层面对我国经济增长的动力、近年来我国经济保持高增长的动因、我国经济在增长进程中所存在的问题，以及我国生产要素内部投入结构在今后的调整方向等方面做出一些新的诠释和说明，继而填补已有研究所遗漏和或缺的空白之处。与此同时，以促进生产要素内部投入结构在未来的合理有效调整而展开的讨论，也将使得本书会在我国产业结构、教育结构的今后调整方向上提出一些新的见解。

---

* 为了论述上方便，如没有特殊说明，后文中所提及的经济增长，均指的是长期经济增长。

二、研究目的和研究方法

（一）研究目的

从生产要素的内部投入结构入手，构建包含生产要素总量投入和内部投入结构的宏观经济增长模型，并以该经济增长模型为指导，展开相关的实证研究。继而实现在考察总量问题的同时，进一步地对生产要素内部投入结构变动对于我国经济增长的影响进行实证探索，以发掘近年来我国经济增长的要素结构动力、要素结构动因，以及近年来我国在生产要素内部投入结构方面所依然存在的问题。在此基础上，再以经济增长为主要导向，提出具体的政策建议，为“十二五”及未来一段时期内我国生产要素内部投入结构的调整方向提供决策参考，并借此来推动我国的经济增长方式由“外延型”向“内涵型”成功转变。也就是说，通过开展相关的理论和实证研究，本书将完成以下四个目标：

第一，通过构建包含生产要素内部投入结构的宏观经济增长模型，应用生产要素内部投入结构与经济增长方面的相关数据（面板数据），对生产要素内部投入结构变动对于我国经济增长的影响展开实证探索，继而在讨论要素动力的基础上，继续对我国（以及各地区）经济增长的要素结构动力进行考察。与此同时，在上述实证分析的过程中，通过结合我国经济增长的地区性差异和特征（在前述面板数据模型中加入反映地区性特征的解释变量），本书也将重点对我国各地区经济增长的要素动力优势展开全面考察。

第二，在对我国及各地区经济增长的动力问题进行考察之基础上，再次应用近些年我国生产要素内部投入结构方面的相关数据，从整体和分地区两个层面出发，对我国及各地区每一年的生产要素产出效率水平（以生产要素边际产出弹性来衡量）分别进行估算，对近年来我国及各地区生产要素产出效率水平的变动状况和趋势进行描述，继而在发现要素动因的基础上，进一步挖掘近年来我国和各地区经济增长的要素结构动因。

第三，以生产要素的产出效率水平是否得到有效改善为准则，结合近年来生产要素内部投入结构的具体变动状况，基于整体和分地区两个层面，对我国和各地区在生产要素的内部投入结构上所依然存在的问题进行挖掘。

第四，以改善生产要素内部投入结构状况、促进我国经济在未来的又好又快增长和发展为导向，从产业结构、教育结构两个方面入手，从我国整体和分地区两个层面进行切入，提出具体的解决对策。指出我国生产要素内部投入结构在今后的重点调整方向，指明我国各生产要素在区域间的具体转移和流动方向。借此来为我国“转方式、调结构”经济发展战略在“十二五”及未来一段时期的更为有效落实，以及为“促发展”目标在今后的顺利实现,提供决策上的参考,最终推动我国的经济增长方式由“外延型”向“内涵型”成功转变。

（二）研究方法

描述分析方法。从整体和分地区两个层面，对近年来我国和各地区生产要素内部投入结构的变动趋势和现状进行描述，并通过全国与地区之间的对比、地与地区之间的对比，发掘我国生产要素内部投入结构在变动的趋势和现状上所具有的共性和个性特征。借此来为后续研究的顺利展开铺平道路。

理论分析方法。从已有相关研究来看，在讨论生产要素内部投入结构变动对于经济增长的影响时，已有可供选择的测度方法主要包括三个：转移——份额法、索洛余值分解法和全要素生产率差额法。本书在后面的第四章将指出，对于这三种测度方法而言，都还存在着明显的缺陷和不足，因此其合理性还有待于商榷。有鉴于此，以生产要素内部投入结构变动影响各要素自身的产出效率水平（以边际产出弹性来进行反映）为基础，通过进一步地转变思路，以及展开深层次的分析和讨论，本书对刘伟和李少荣于 2002 年所建立的变产出弹性生产函数模型进行了修正和扩展，并且对修正和扩展后的变产出弹性生产函数模型的合理性进行了论证，继而实现在重新构建测度模型的同时，增强其理论上的说服力。

实证分析方法。以修正和扩展后的变产出弹性生产函数模型为指导，应用1997~2009年全国31省市的面板数据，实证考察生产要素内部投入结构变动对于我国经济增长所具有和形成的实际影响，并对实证结果背后所蕴含的思想进行全面解读。

三、技术路线和创新点

（一）技术路线

为保持逻辑链条的缜密性，增强问题论证的严谨性，在整个研究过程中，本书采取了“文献阅读——发现问题——选择切入点——构建分析框架——搭建研究模型——请教和咨询专家——收集数据——数据处理和分析——多次修改书稿——完成书稿撰写”的技术路线，并借此来保证本书论证的科学性和系统性。

（二）主要创新点

总体而言，本书的创新点集中体现在以下三个方面：

第一，通过查阅国内外相关文献可以发现，已有研究未能够同时对资本、劳动，以及人力资本各要素自身的内部投入结构变动对于经济增长所具有和形成的实际影响展开全面而系统的盘查。而本书则在考察各生产要素总量投入的基础上，进一步地对三个生产要素各自内部投入结构的变动对于我国经济增长的实际影响展开了全面而深入的讨论。相对于已有研究而言，这无疑是一个推进，同时构成了本书的第一个创新点。

第二，如前所述，鉴于转移——份额法、索洛余值分解法和全要素生产率差额法三者自身在理论的设计上仍然存在着一定的缺陷和不足，本书避开了对于该三种方法的选取和运用，并转而以生产要素内部投入结构变动影响生产要素的边际产出弹性为基础，对刘伟和李绍荣（2002）所建立的变产出弹性生产函数模型[2]进行了修正，对修正后的变产出弹性生产函数模型的合理性进行了论证。在此基础上，应用该一新建立的经济增长模型，对生产要素内部投入结构变动对于我国经济增长所具有的实际影响展开了实证探索。总体上遵循了搭建经济增长模型、论证模型的合理性、应用新的模型这一科学的论证范式，在一定程度上坚持了理论和实证的紧密结合。与此同时，对于原有变产出弹性生产函数理论模型所进行的修正，也构成了本书的第二个创新点。

第三，以我国市场化改革、经济社会发展的梯度推进特征为基础，通过在模型中加入反应区域特征的虚拟（弹性）变量，本书在构建生产要素内部投入结构与中国经济增长之间关系的计量模型的同时，有效控制了制度、基础设施等要素（及变动）对于各地区经济增长所产生的影响，进而增强了实证研究结果的稳健性。

第一章

国内外文献述评

已有研究表明，在其他条件不变的情况下，诸如产业结构、教育结构等一些结构性因素的变动，同样会对国家和地区的经济增长产生影响。同时，结合一系列的有关研究能够发现，这些结构性因素的变动影响经济增长的逻辑机制，在于其背后所发生的生产要素内部投入结构的变动，改变了要素的产生效率。然而，在已有研究中，对资本、劳动、人力资本三个生产要素内部投入结构变动对于国家和地区经济增长影响展开系统性探讨的，到目前仍显得非常不足，有待于进行拓展和填补。

第一节 国内外相关文献综述

在现实当中，生产要素内部投入结构的变动，往往是以产业结构等一些结构性因素的变动作为基本体现，并且以这些结构性因素的变动作为外在表征。也正因为如此，近年来有关生产要素内部投入结构变动影响经济增长的研究，主要围绕和出现在了两个方面，或者也可以看做两个层次：第一个层次是从生产要素内部投入结构发生变动的外在表征，即从诸如产业结构等一些结构性因素的变动入手，就这种变动对于经济增长的影响展开相关的理论和实证分析；第二个层次是从生产要素内部投入结构的变动入手，对产业结构等结构性因素变动影响经济增长的逻辑机制展开了探讨。就目前而言，两方面的研究都得出了很多富有见解性的结论。

一、结构性因素变动影响经济增长的相关研究

按照 Solow（1956）的新古典增长理论[3]以及 Romer（1996）的内生经济增长理论[4]，一个国家或地区的长期经济增长，主要与各生产要素的投入总量、生产要素间的投入结构（在投入数量上的比例）和技术水平的变动有关。与此同时，技术进步则是经济增长的最终源泉。而且应该说，除技术进步之外，各生产要素的总量投入，以及各生产要素相互间投入结构的变动会影响经济增长，已成为当前主流学界内所普遍公认的事实。

然而，Chenery（1960）在早期研究中就曾发现，即使是在技术水平保持固定、各生产要素投入数量保持一定的情况下，诸如产业结构等一些结构性因素的变化，也会影响到国家或地区的长期经济增长，而对于发展中国家来说，情况就更是如此[5]。在这方面，Denison（1967）[6]、Chenery（1986）[7]在对多国的比较中，肯定了产业结构变动对于经济增长的重要作

用。Feder（1986）[8]、Syrquin（1986）[9] 的研究结果则表明，除了技术进步之外，生产要素再配置也是要素生产率提高和经济总量保持增长的一个重要来源。结构性变革是经济增长和生产率改进的一个重要来源这一假说，也是 Maddison(1987)增长核算文献的核心观点 [10]。沿袭这一思路,近年来，更多的学者将目光从总量转向结构，继而开始探讨和研究某些结构性因素变动对于经济增长所具有和形成的实际影响。Sonobe 和 Otsuka（1997）的研究发现，在第二次世界大战以前，日本国内工业结构的变化，对于该国的经济增长产生了重要影响 [11]。Nelson 和 Pack（1999）通过对 1960~1996 年间在经济上取得高速增长的一些亚洲国家展开研究后发现，结构性变动在这些国家的经济增长中扮演了十分重要的角色 [12]。Fagerberg（2000）对 1973~1990 年世界上 39 个国家 24 个部门的数据进行了对比性研究，发现结构性变动虽平均上并没有显著地表现出有利于生产率增长的趋势，但是该期间发展了技术上最为进步的（电子）工业的国家所经历的生产率增长却远高于其他国家 [13]。Timmer 和 Szirmai（2000）对韩国、印度、印度尼西亚以及我国台湾地区 1963~1993 年间的制造业部门进行研究后发现，“结构红利 *”只在印度一个国家显著地存在 [14]。Berthelemy（2001）对 27 个非洲国家 1960~1996 年的经济增长问题展开实证研究后发现，结构性变动确实对于经济增长具有着重要影响 [15]。Caree（2003）在发现 Fagerberg 所应用的研究方法存在一定不足之后，对该方法进行了修正，并使用修正后的方法对前者所研究的问题再次展开了实证探索，结果发现，尽管结构性变动对于经济增长的影响较之前 Fagerberg 所得到的结果有所减小，但是仍显著地存在 [16]。Peneder（2003）对 28 个 OECD（经济合作发展组织）国家的实证研究结果表明，在上世纪 90 年代，产业结构变迁对于这些国家的宏观经济增长以至宏观经济发展都起到了决定性作用 [17]。Singh（2004）围绕

* Timmer 和 Szirmai（2000）[14] 在解释上述国家或地区制造业结构调整和改革对于生产率增长的影响的时候，将结构调整和改革对于要素生产率提高所形成的这种正向影响称之为“结构红利”，此后这一术语为学术界所广泛使用。

韩国制造业部门所展开的研究发现，在 1970~1980 年的这段时期，经济增长的结构效应是显著存在的 [18]。Paas（2010）对欧洲 27 个国家与爱沙尼亚之间经济水平关系的实证研究结果表明，地区间生产率差异的形成，主要是与地区间经济部门的结构性差异有关 [19]。

从我国国内来看，刘伟和李绍荣（2002）较早地将产业结构这一结构性因素加入到了新古典增长模型之中，并以产业结构变动引起资本和劳动产出效率水平的变动为基础，对我国经济增长的动因等问题展开了实证探索。其结果显示，改革开放以来中国的经济增长，并非单纯地由资本和劳动两个生产要素各自投入数量的增长所推动，而更多的是靠第三产业的发展来带动的 [2]。沈坤荣和马俊（2002）对新中国成立以来，特别是改革开放以来我国省际间的经济增长差异进行了实证探索。结果表明，我国地区间的经济增长，不仅存在着显著的“俱乐部收敛”特征，而且还具有“条件性收敛”特征。与此同时，各地区工业化水平上的差异，以及产业结构变动上的差异，则对各地区经济增长的收敛性差异构成了最为显著的影响 [20]。邱晓华等人（2006）通过建立中国经济增长的综合因素模型，并基于所建立的模型开展实证分析后发现，虽然资本投入的增加是改革开放以来我国经济增长的最为重要源泉，但是包括结构升级、人力资本效率的提高，以及制度变迁等在内的广义技术进步，在我国经济增长中的贡献也较为突出 [21]。韩建雨等人（2006）的研究发现，我国产业结构与经济增长间存在着双向的 Granger 因果关系 [22]。Bosworth 和 Collins（2007）的研究显示，1993 年实施市场化改革以后中国经济的加速增长，主要集中在工业部门，其构成了中国全要素生产率增长的 60%[23]。黄茂兴和李军军（2009）的研究发现，借助合理的资本深化等途径来促进产业结构升级，将能够提升中国省域经济的劳动生产率，以及实现经济的快速增长 [24]。唐玉娟和高家颂（2012）的研究发现，我国产业结构与经济增长之间存在着显著的相关性，而且与一、三产业相比，第二产业对于经济增长的贡献最大 [25]。

与上述研究所得到的基本结论不同，李小平和卢现祥（2007）的研究发现，我国制造业行业的生产率增长主要来自于制造业部门内部，相比之下，（产业间的）结构性变动对生产率增长的作用还明显较弱[26]。刘伟和张辉（2008）的后续研究也显示，结构性变迁对我国经济增长的推动作用正在不断减弱，相对而言，技术进步对我国经济增长的推动作用则在逐渐增大[27]。

对于相反性结论的出现，姚战琪（2009）认为，这主要是与各部门内要素配置结构的不合理有关，具体表现为要素配置在三大产业部门间的扭曲，即各产业部门内资本与劳动结合的比例不合理。与此同时，由于我国正处于工业化、市场化的渐进改革进程中，结构性变迁在今后也将会长期存在，因此在这样一个重要的转型时期，要素（内部投入）结构变动和其所引致的要素资源再配置对我国生产率增长的推动作用仍不容忽视[28]。聂辉华和贾瑞雪（2011）的研究发现，中国制造业行业中较为严重的资源误置问题，是企业的效率相对低下的主要原因[29]。干春晖等人（2011）还通过将产业结构变迁分为产业结构合理化和产业结构高级化两个部分，就产业结构变迁对于我国经济增长的波动和影响展开了更加细致的实证探索。其研究结果表明，产业结构合理化和高级化进程对我国经济增长具有明显的阶段性影响，与产业结构高级化相比，产业结构合理化与我国经济增长之间的关系存在着更强的稳定性，并且对我国经济发展的贡献更为显著。此外，虽然这两者都是通过影响不可预期的周期性波动对我国的经济产生影响，但是，它们对于经济波动的影响机制却截然相反，产业结构高级化是经济波动的一个重要源泉，产业结构合理化则有助于抑制经济波动[30]。

应该说，对于结构性因素变动是否会影响我国经济增长这一议题，绝大多数研究都得到了肯定性结论。但是我们同时也能够发现，上述研究也存在一定的不足，即在所构建的包含结构性因素的相关经济增长模型之中，并没有涵盖人力资本这一要素，而更多考虑的是资本和劳动两个生产要素。然而，Mincer（1958）[31]、Schulth（1961）[32]、Becker（1962）[33]、Black 和 Lynch（1996）[34] 等人的研究均表明，对于人力资本的投资，以及人力资本水平上的变化，对整个社会的收入分配结构、劳动力自身的产出效率水平、以至于整体的宏观经济增长，都有着至关重要的影响。Glaeser（2007）更是认为，只有人力资本才是劳动力进步和经济增长的最终源动力[35]。从我国国内来看,胡永远（2002）[36]、Wang 和 Yao（2003）[37]、汤向俊（2006）[38]、许和连等（2006）[39]一些学者的研究也发现，中国经济在过去一段时期能够实现高速增长，除了在于资本和劳动的贡献以外，人力资本确实也发挥了显著的推动作用。这也就是说，无论从哪个角度来研究我国的经济增长问题，在构建宏观经济增长模型时，都有必要考虑人力资本这又一重要的生产要素。

二、结构性因素变动影响经济增长的逻辑机制

从生产要素的层面来看，在产业结构等结构性因素发生变动的过程中，其背后所暗含的是资本和劳动两个生产要素各自在产业或部门之间的不断转移和流动。而从宏观的意义上来讲，正是由于此时所发生的生产要素在产业或部门间的转移和流动，以及生产要素的转移和流动所引致的其在产业或部门间投入结构的不断变化，才使得结构性因素的变动对于经济增长产生影响在事实上成为可能。也就是说，虽然生产要素内部投入结构发生变动的外在表征，是以产业结构为代表的一些结构性因素的变动，但诸如产业结构等一些结构性因素的变动之所以会影响到经济增长，又恰恰是在于其背后所发生的资本和劳动两个生产要素在内部投入结构上的变动，引致了两个要素自身产出效率上的变化。如 Kuznets（ 1979）就曾指出，如果没有各种要素在不同经济部门间的充分流动，获得人均产出和经济总量的高增长率是不可能的[40]。Chenery 等人（1986）更是认为，发展中国家的经济非均衡现象是一个常态，在这些国家的经济体中，存在着要素自由流动的各种阻碍，因此，适应于需求结构来对生产结构进行调整，从而主动地推进要素资源向生产率更高的部门转移和流动，可以实现经济的高速增长[7]。Peneder（2003）也认为，鉴于各部门具有着不同的生产率水平和

生产率增长率，因而当投入要素从低生产率水平或低生产率增长率部门向高生产率水平或高生产率增长率部门转移和流动时，就会促进社会总生产率水平的不断提高，继而也就会带来结构红利并维持整个经济的长期持续增长[17]。

从更为广泛的意义上来讲，诸如产业结构等结构性因素的变动，除了是与社会上已有的资本和劳动两个生产要素各自在产业或部门间的不断转移和流动有关之外，还与社会新创造或引进的资本和劳动要素在产业或部门间投入比重的不断变化有关。这也就意味着，在产业结构等结构性因素发生变动的过程中，资本和劳动两个生产要素在内部投入结构上的变动通常将表现得更为持续和显著。而从国内外的相关研究来看，首先，对于资本要素而言，其在三次产业内投入状况的不同，以及其内部投入结构上的变动，一般会引起资本产出和配置效率发生改变，继而对经济增长产生影响，这已被很多的相关研究所证实。在非完全市场化的国家，这种情况的出现就表现得更为普遍。如 Oulton 和 Srinivasan（2005）的研究结果就表明，对于第三产业内信息和通信行业资本投入的提高，对 1970~2000 年间英国的经济增长产生了重要的推动作用[41]；张世贤（2002）的研究显示，自 20 世纪 90 年代以来，在我国的国内，工业投资远比第三产业投资更加富有效率[42]。另一方面，关于资本的内部投入结构，已有研究通常以三次产业内资本存量占社会总资本存量的比重来进行衡量，而且对于这一指标的合理性，到目前为止也并不存在什么争议；其次，对于劳动要素而言，由于其需要较长的成长和形成周期，因此如果从短期来看的话，在产业结构等一些结构性因素发生变动的过程中，其背后更多发生的是劳动人口在产业和部门间的不断迁移和流动（以至其所带来的劳动内部投入结构的变动），而发展经济学派一些代表人物在早期的研究中就曾发现，劳动人口在不同产业间的迁移和流动，也会在很大程度上影响到经济增长。特别是当劳动人口从传统的、生产率水平较低的第一产业向现代化的、生产率水平较高的二、三产业转移和流动时，往往会提高其自身的产出效率水平，继而能够更为有效地推动国家或地区的经济增长。而对于中国而言，关于劳动内部投入结构变动是否会影响经济增长这一问题，多数研究也得到了肯定性的结论（如罗国勋，2000 [43]；徐现祥和舒元，2001 [44]；郭熙保，2002 [45]；李杨和殷剑峰，2005 [46]；王小鲁等，2009 [47]；薛继亮和李录堂，2010 [48]）。另外，尽管 Ghose（1990）曾发现，对于 19 世纪 80 年代的非洲和拉丁美洲国家而言，当其国内的经济增长速度放慢或出现负增长时，这种迁移和流动的现象在现实中也时有发生，但是通过开展深层次的考察和分析，Ghose（1990）又近一步发现，对于此时所发生的劳动人口迁移和流动现象，并非是导致这些国家的经济出现衰退的原因 [49]。与此同时，与资本内部投入结构相类似，关于劳动的内部投入结构，已有研究也通常以三次产业内劳动人口占社会总劳动人口的比重来进行衡量，而且对于这种衡量方式，到目前为止也并不存在什么争议。

更近一步地，除资本和劳动两个生产要素之外，对于人力资本要素而言，Birdsall 和 Londonno（1997）[50]、Lopez 等（1998）[51]，以及 Barro 和 Lee（2000）[52] 等人的研究均表明，在总量及平均投入水平固定时，人力资本自身内部投入结构上的变化，也会对社会的收入水平，以至国家或地区的整体经济增长产生实质性的影响。在这方面，Birdsal 和 Londonno（1997）主要是将通过计算所得到的劳动人口受教育年数的标准差，来作为劳动人口人均受教育非均等程度的代表，并进一步以该标准差所代表的人均受教育非均等程度，来衡量人力资本的内部投入结构状况 [50]。随后，Thomas（2001）等人继续发展了该思想，并应用类似于衡量收入差距的基尼系数法，构建了反映人力资本非均等程度的人力资本结构系数 [53]，为后来的一些学者所采用。

三、其他因素（及变动）对经济增长的影响研究

除上述因素外，已有的相关研究还表明，在宏观层面上，影响长期经济增长的因素还包括对外开放度、城市化水平、政府公共支出水平、对外负债大小、金融发展程度、宏观制度结构、基础设施建设水平，以及利用

外资情况等等。如在对外开放影响经济增长方面，麦迪逊（1997）在总结世界经济二百年的发展历程后发现，从长期来看，四大因素决定着人均产出的持续增长：技术进步、物质资本的积累、人力资本的提高和对外开放[54]。中国社会科学院经济研究所经济增长前沿课题组（2004）的研究表明，以贸易为导向的对外开放和高资本积累共同推动了中国的经济增长，与此同时，廉价的劳动力供给则为中国贸易的长期增长提供了重要支撑[55]；在政府公共支出影响经济增长方面，Barro（1990）探讨了在一个公共支出分为生产性支出和消费性支出的经济里，公共支出影响经济增长和社会福利的传递机制。简言之，就是将生产性支出以生产外部性的形式加入生产函数，将消费性支出以消费外部性的形式加入效用函数，与此同时，该项研究的结果表明，它们分别改善了企业的生产效率和消费者的效用水平，进而促进了经济增长速度的提升和长期社会福利水平的提高[56]。娄洪（2004）的研究显示，如果政府部门的公共支出资本具有纯公共品性质，那么就能够产生恒定的内生增长，如果公共支出资本具有拥挤（准公共品）的性质，那么其虽不能产生恒定的内生增长，但也能够减缓经济增长率的递减，从而在一定程度上提高长期的经济增长率[57]；在对外负债影响经济增长方面，Eaton（1993）在对 Uzawa–Lucas 的经济增长模型进行扩展后发现，由借债成本增加所导致的外债减少，将降低长期的经济增长速度[58]。胡翠和许召元（2011）的实证研究结果表明，对于发达国家而言，当对外负债率处于较低的水平时，负债率的增加会促进经济增长，而当对外负债率超过一定水平时，负债率的增加就不利于经济增长。但是，对于发展中国家而言，不论对外负债率处于何种水平，负债率的增加都会导致经济增长速度的下降[59]；在金融发展影响经济增长方面，Schumpeter（1911）认为，一个发达的金融体系能够通过降低信息成本和交易成本，来影响居民的储蓄和投资决策，继而促进生产力的提高和推动经济的快速增长[60]。杨龙和胡晓珍（2011）的实证研究结果显示，整体上而言，我国的金融发展规模与效率改善虽对经济增长具有正向影响，但其促进作用在区域的层面上还存在着“门槛效应”，其中，东、中部地区的金融发展与金融体系效率的改善对经济增长不仅具有正的影响，而且金融体系效率的经济增长效应也表现得更为显著，而在西部地区，这种促进作用和增长效应都不是十分的明显[61]；在宏观制度结构影响经济增长方面，North 和 Thomas（1973）[62]、Acemoglu 等（2001）[63]，以及方颖和赵扬（2011）[64]等人的研究均表明，无论是静态的制度结构，还是动态的制度变迁路径，都对经济增长具有着决定性的影响；在基础设施水平影响经济增长方面，Sanchez-Robles（1998）的跨国别研究表明，基础设施投资对于两个不同样本国的经济增长均具有着显著的正向推动作用[65]。王任飞和王进杰（2007）对我国的研究表明，在基础设施与经济增长两者之间的互动关系中，基础设施促进经济增长居于主导地位[66]；在利用外资影响经济增长方面，Chenery 和 Stout（1966）在一个双缺口模型中证明了，国外资本的流入会提高国内投资并加速国内经济向自我可持续的增长路径转型[67]。江小涓（1999）认为，近年来，国际资本流动在全球经济中所起到的作用愈来愈重要，与此同时，这种重要性不仅体现在其对于各国经济增长速度的影响方面，而且还体现在其对于各国经济增长方式和质量的影响方面[68]。高铁梅和康书隆（2006）的研究发现，外商直接投资对我国经济增长的贡献率虽低于我国的国内投资，但也在促进我国经济增长方面发挥了积极作用，而且在 1999 年以后，外商直接投资对我国国内投资的影响还由先前的挤出效应转变成拉动效应[69]。

第二节 简要评价

首先，从上述相关研究及所得到的基本结论中可以发现，除了各生产要素投入数量的提高和内生技术进步等因素之外，以上关于经济增长问题的研究越来越清晰地揭示了生产要素内部投入结构变动对于国家或地区经济增长所具有的影响。但是我们也应该注意到，上述的各项研究都还没有能够对资本、劳动以及人力资本三个生产要素各自内部投入结构的变动对于经济增长所具有和形成的实际影响展开全面而系统的考察，从而也就会使得相关的研究结果出现一定偏差。然而从整体上来看，通过对上述两方面国内外文献进行考量之后，我们终究会得到如下判断：即除了各生产要素总量投入和技术进步之外，生产要素内部投入结构上的变动，也会对国家和地区的经济增长产生重要影响。而对于生产要素内部投入结构变动影响经济增长的原因，则主要在于其会引起生产要素的产出效率水平发生改变。由于要素产出效率水平的提高是一国经济实现和保持持续健康增长的核心和关键，因此这也就进一步地说明了，探讨和研究生产要素内部投入结构变动为何会影响我国经济增长，以及生产要素内部投入结构变动对于我国经济增长所具有和形成的实际影响，无论是对于我国当前的经济发展来说，还是对于我国长远的经济持续发展而言，都将具有着重要的现实指导意义。

其次，上述相关研究及所得到的基本结论还表明，对于长期经济增长（以及我国的长期经济增长）而言，其在现实中的影响因素着实有很多。而这也就意味着，在探索生产要素内部投入结构变动对于我国经济增长的影响时，有必要适当地考虑上述因素以及其各自的变动对于我国经济增长所形成的实际影响。然而需要说明和重点强调的是，对于上述影响经济增长的诸多因素而言，其本质上也属于结构性因素，而且从更为宽泛的意义上来讲，这些结构性因素的出现以至其自身所发生的变动，也主要是会引起生产要素产出效率水平的改变。因此可以十分肯定地说，从影响经济增长的传递机制上来看，以上各因素的出现及其自身所发生的变动，也主要是通过影响生产要素的产出效率水平，来间接地影响经济增长的。从这一逻辑出发，在对生产要素内部投入结构变动对于我国经济增长的影响展开实证考察时，通过技术和方法上的处理，继而实现同时对上述因素及其变动对于我国经济增长的实际影响展开实证考量，将构成本书所开展的另一项新的探索。此外，鉴于颜鹏飞和王兵（2004）[70]、赵志耘等人（2007）[71]的研究还得出了技术进步在改革开放以来中国经济增长中所发挥的积极作用不仅显著，而且还表现为逐年提高这一基本结论，因此，与已有的多数研究将技术水平及其对于经济增长的影响假定为保持固定不变不同，本书还将进一步实证考察技术进步是否对于我国的经济增长形成了递增效应。

第三节　研究框架的提出

通过对已有的研究文献进行评述，使得本书的研究思路变得更加清晰，因此在这里给出本书的总体框架思路：对于本书所要展开的研究而言，首先需要从理论的层面入手，构建生产要素内部投入结构变动影响我国经济增长的理论基础；其次，需要从市场化改革以来我国经济社会的实际发展脉络和某些特征入手，提出生产要素内部投入结构变动，以及生产要素内部投入结构变动影响我国经济增长的现实条件；再次，需要构建相关的经济增长模型，就生产要素内部投入结构变动对于我国经济增长所形成的影响展开实际考察。并基于实际考察的结果，从生产要素内部投入结构的角度分析近年来我国经济增长的动力和动因，以及我国经济在增长进程中所依然存在的问题；最后，以促进我国经济在未来的又好又快增长和发展为主要导向，以“转方式、调结构”战略的更为有效落实为目的，重点针对我国在生产要素内部投入结构方面所存在的突出问题，提出具体的解决对策，借此来推进我国生产要素内部投入结构在今后的更加优化。并以此为基础，指引我国未来经济结构的重点调整方向（见图 1~1）。

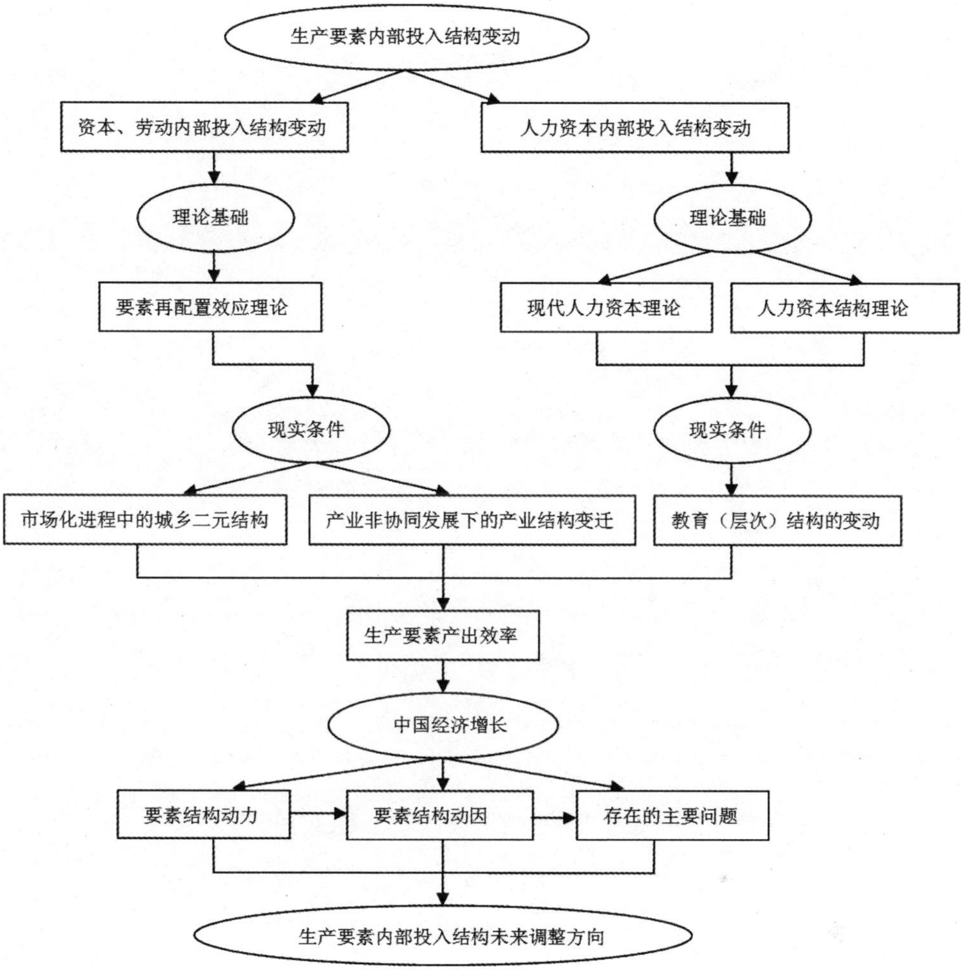
生产要素内部投入结构变动
资本、劳动内部投入结构变动
人力资本内部投入结构变动
理论基础
理论基础
要素再配置效应理论
现代人力资本理论
人力资本结构理论
现实条件
现实条件
市场化进程中的城乡二元结构
产业非协同发展下的产业结构变迁
教育（层次）结构的变动
生产要素产出效率
中国经济增长
要素结构动力
要素结构动因
存在的主要问题
生产要素内部投入结构未来调整方向

图 1~1　研究框架

第二章

理论基础和现实条件

一方面，要素再配置效应理论和人力资本结构理论，为生产要素内部投入结构变动影响我国经济增长奠定了理论基础，而鉴于人力资本理论的形成和出现，要在以资本和劳动两个生产要素为核心而建立起来的新古典增长理论之后，因此在阐述人力资本结构理论之前，这里也对现代人力资本理论粗略地进行了介绍；另一方面，市场化进程中的城乡二元结构、产业非协同发展下的产业结构变动，以及我国教育结构在近年来的不断变化，为资本、劳动和人力资本三个生产要素内部投入结构的变动，以及这种内部投入结构的变动影响我国的经济增长创造了现实条件。具体而言，产业非协同发展下的产业结构变动，不仅为我国资本和劳动两个生产要素内部投入结构的变动创造了现实条件，同时也使得两个生产要素内部投入结构变动对于我国经济增长产生影响在现实中成为可能。而市场化进程中的城乡二元结构，则进一步增加了该两个生产要素内部投入结构变动影响我国现实经济增长的可能性。市场化改革以来我国教育结构的不断变化，为我国人力资本内部投入结构在近年来持续变动，以及人力资本内部投入结构变动影响我国经济增长，创造了可能的现实条件。

第一节　理论基础

从方法论上来看，对于古典经济学的基本理论体系而言，主要是以理论的推导加事实（以案例分析为主）的描述为基础而建立起来的。而当步入新古典主义时期以后，随着计量经济学、数理经济学等一批新兴学科的相继出现和逐渐兴起，自上世纪中期以来，越来越多的国内外学者更加热衷于借助数学分析工具，通过结合事实与经验上的数据，开展相关的实证分析，来不断地对传统的经济理论进行检验、论证和修正。在检验和修正传统经济理论的过程中，很多新的经济理论也应运而生，陆续地被一些学者所提出和建立。这突出地体现在宏观经济研究领域。总体上来说，本书下面所提及的三个基本理论，都是基于这一背景而得以产生并取得逐步发展的。

一、要素再配置效应理论

（一）要素再配置效应的内涵和存在前提

概括而论，要素再配置效应主要是指生产要素的再配置或重新分配，对于要素自身的产出效率水平以及宏观经济增长所形成的效应*。而从基本内涵上来看，要素再配置效应理论认为，在存在潜在的“结构红利”的情况下，生产要素（这里具体指资本和劳动两个要素）在国家、产业和部门间的再配置，会改变要素自身的产出效率水平，继而对经济增长产生重要

*潘琦（1991）曾对资源配置和资源再配置两者进行了区分，有助于加深我们对要素再配置这一名词的理解。具体而言，他将前者定义为以要素增量分配为特征的部门间的资源分配；将后者定义为以要素存量流动为特征的部门间的资源转移。具体可参见：潘琦《我国农业过剩人口再配置的约束因素》[J].《人口研究》，1991,(4):42.

影响，并且是生产率提高和总产出增长的重要来源之一。

从时间脉络上来看，虽然发展经济学派的代表人物 Lewis（1964）等人很早就曾发现并指出劳动力人口从传统农业部门向现代化工业部门的迁移和流动对于工业化进程中国家经济增长的重要性[72]，但是直至上个世纪 80 年代的中期，除 Denison（1967[6]，1983[73]）之外，试图从定量角度来对生产要素再配置对于经济增长所形成的效应展开讨论的还很少。而真正对这种效应同时从理论和实证两个层面来展开全面验证的，其最早应属 Feder（1986）[8] 和 Syrquin（1986）[9]。通过进行部门间的比较和对比，Feder（1986）发现，在半工业化的不发达国家，除资本和劳动两个生产要素在投入数量上的增加之外，两种存量资源从低效率的非工业部门或非出口部门向高产出的工业部门和出口部门的再分配，也会提高其各自的产出效率水平，继而能够更为快速地推动国家的经济增长[8]。Syrquin（1986）的研究则发现，在一定的国家或一定的时期内，各部门的生产率水平，以及生产率水平的变化存在着很大的不一致性，这使得社会总产出的增长不仅依赖于生产要素投入数量的增加，还有赖于生产要素配置和使用效率的提高。因此可以说，生产要素在部门间的再配置，对各要素自身的生产率增长和经济总产出水平的提高都具有着重要而突出的贡献。与此同时，除部门间的再配置以外，对于工业国和迅速增长中的国家而言，部门内的要素再配置效应也是十分重要的[9]。随后，Dowrick 和 Gemmel（1991），以及 Poirson（2000）等人借助于实证分析工具，从劳动再配置的角度入手，进一步证实了这种效应在现实中的大量存在。如 Dowrick 和 Gemmel（1991）发现，劳动力人口从农业部门向工业和服务业部门的再配置，对于经济增长具有着重要的现实意义，不仅如此，不同国家人均收入上的差异，其中的四分之一左右也都能够被劳动再配置效应所解释[74]。Poirson（2000）更是发现，劳动再配置效应在投资率较高的国家比投资率较低的国家表现得更为显著，而且一般来说，在现实中，经济的二元化程度越高，劳动的再配置效应也就表现得越大[75]。

这里所需要注意的一点是，在理论上而言，要素再配置效应在现实中的存在，是需要一定前提条件的。上述学者都认为，国家、产业或部门间要素产出效率水平的不同，即“结构红利”的存在，是要素再配置效应得以产生的根源。然而现实中我们能够发现，要素产出效率水平在国家、产业或部门间的不同，往往又表现为常态。因为诸如经济中的二元结构、迁移和流动成本上的限制、政府干预所导致的生产要素在部门间配置的不合理、不完善的市场经济体制等一系列阻碍市场有效配置要素资源的因素，都会导致国家、产业和部门间要素产出效率水平上的不同。如 Feder（1986）就认为，分割的市场对于要素转移和流动的限制、政府部门对于投资支配的过度干预，以及持续不断的技术变革等因素，都是阻碍生产要素有效流动，继而造成国家间、产业间、部门间要素产出效率水平不同的现实原因[8]。Syrquin（1986）也认为，虽然市场力量倾向于改善整体的资源配置状况，使经济系统向更加均衡的方向运动，但是，系统的稳定性和系统调整所面临的高额成本无疑减弱了这种力量。同时，这种力量还可能会受到诸如外部事件、不平衡的生产率增长，甚至是政府政策所带来的冲击[9]。也就是说，因为西方经济学者所假想的完全（竞争）市场状态是无法在现实中真正得以形成的，所以对于某一国家或地区而言，无论其自身处于任何发展阶段，要素再配置效应都可能或大或小地存在。

当然，仅对于资本和劳动两个生产要素而言，其内部投入结构的变动除了与两个要素各自在国家、产业或部门间的重新配置有关之外，还与社会新创造和引进的资本和劳动要素在国家、产业、部门间的投入结构较之前发生较大的变动有关。然而在理论上来看，要素再配置效应的存在，也使得这些新的资本和劳动要素各自在投入结构上的变动，对于经济的总产出产生影响在现实中成为可能。因为正如前面所述，国家、产业、部门间生产效率的不同，是要素再配置效应在现实中得以存在和出现的最为根本前提，因此在这种情况下，新的资本和劳动要素在投入结构上的变动，必然会引起两个要素自身产出效率水平的改变，继而也就会对国家或地区的经济增长产生实质性的影响。

（二）要素在配置效应理论在中国的适用性

从时间维度上来看，吴仁洪（1990）较早地对要素资源再配置对于我国经济增长和增长效率所具有的重要影响进行了肯定[76]。郭克莎（1992[77]，1994[78]）发现，由所有制结构变动（引致产业结构变动）所带来的资本和劳动两个要素资源的再配置及其对生产率增长的贡献，是改革开放以来中国经济增长速度和增长效率大幅提高的一个重要原因。Maddison（1998）也充分肯定了生产要素再配置在改革开放以来中国生产率增长中所发挥的积极作用[79]。胡永泰（1998）的研究表明，当考虑到迁移问题后，来自农业部门的劳动力人口向工业和服务业部门的再配置，对于1978~1993年中国的经济增长做出了巨大贡献[80]。蔡晢和王德文（1999）通过测算1982~1997年各生产要素（资本、劳动和人力资本）对于我国经济增长的贡献后，发现在全要素生产率的贡献中，劳动要素的重新配置发挥了最为显著的作用[81]。吕铁（2002）的研究发现，1980~1997年中国制造业行业间的劳动力转移和流动，对于劳动生产率增长所产生的影响并不大[82]。张军（2002）认为，在市场化改革进程中，要素资源在部门间的再配置会改变其整体配置效率,故而会对我国的经济增长产生现实影响[83]。Wu（2004）的研究结论充分肯定了要素再配置效应对于改革开放以来中国经济增长的积极作用[84]。方军雄（2006）发现，随着市场化进程的深入推进，我国的资本也实现了由低效率领域向高效率领域的转移和流动，这使得资本的整体配置效率得到了一定改善[85]。Ozyurt（2007）研究了1952~2005年间我国工业部门的总体生产率表现，发现快速进行的工业化通过吸收大量劳动力，极大地促进了劳动生产率水平的提升[86]。Bosworth和Collins（2007）的研究表明，1993年以后我国的生产率增长中，劳动力人口从农业部门向工业和服务业部门的再配置贡献了1.2个百分点[23]。李小平和陈勇（2007）实证检验了1998~2004年我国省际工业间的劳动力流动和资本转移对于两个要素自身生产率增长所形成的影响，结果发现劳动力流动对其自身生产率增长的促进作用并不显著，而资本转移则对其自身生产率的增长产生了一定的促进作用[87]。高文博（2008）的研究发现，劳动力再配置对转型时期的中国经济增长发挥了重要推动作用，而且从目前来看，这一推动过程还远未结束[88]。姚战琪（2009）对1985~2007年我国的经济总体，以及我国工业部门的生产率增长和要素再配置效应进行比较、分析和评估后发现，要素再配置效应在改革开放以后的整体表现差强人意，虽然劳动要素的结构变化伴随着经济6部门的劳动生产率增长，但工业部门内劳动生产率的总配置效应却表现为负值。而且，工业部门和经济总体资本生产率的再配置效应也均为负数[28]。张军等人（2009）的研究表明，由工业结构改革引致的行业间的要素重置，对改革开放期间我国工业生产率的提高乃至整体的工业增长都起到了实际推动作用[89]。温杰和张建华（2010）的研究显示，自改革开放以来，要素资源的再配置效应始终是我国经济增长的重要源泉，而且，由于现实中产业间要素边际生产率仍存在着较大差异，因此未来的中国经济依然能够从产业结构变迁中获取巨大收益[90]。曾先锋和李国平（2011）的研究发现，1985年以来我国工业整体生产效率水平的提升，主要是依赖于工业行业自身全要素生产率的提高，相比之下，要素再配置效应虽然也发挥了一定的积极作用，但并不显著[91]。赵春雨等人（2011）对1999~2009年我国经济总体8大部门和工业16个分行业部门的生产率增长，以及劳动和资本要素的配置效率进行了测算、对比和分析。结果发现，劳动要素的配置效率伴随着我国经济总体生产率的增长而增长，但资本要素的配置效率却为负数。在工业部门内部，劳动和资本两个要素的配置效率均为负值。此外，全要素生产率增长和要素重置效应对经济增长贡献的回归结果还显示，全要素生产率增长对我国经济增长具有显著的正效应，而要素重置效应的贡献则表现为负[92]。

总体而言，虽然关于要素再配置效应的大小，以及其在近些年我国经济增长进程中的现实表现状况，相关研究所得到的结论还存在着一定的不同，但是可以确定的一点是，对于大多数的研究而言，都肯定了要素再配置效应在我国的实际存在。因此可以说，对于要素再配置效应理论而言，在中国是同样适用的。

二、现代人力资本理论

（一）现代人力资本理论的形成与核心观点

第二次世界大战结束以后，伴随着世界各国经济的逐渐复苏和兴起，以要素（资本和劳动）同质作为基本前提假设而建立起来的新古典经济学，对于一些国家在经济增长与收入分配领域所出现的新现象、新问题，无法给出合理的解释。而现代人力资本理论，正是在这一背景下得以产生。

首先，一些学者发现，步入20世纪50年代以后，美国国内总产出水平的增长率在数量上要远远高于资本和劳动两个投入要素的增长率之和。出现了所谓的“余值”。经济学家们试图从“技术进步”、“教育”和“全要素生产率（广义上的技术进步）”等角度来对其进行诠释，但都没有得到十分令人满意的答案。

其次，二战结束后，以日本、德国等为代表的一些新兴工业国在短时期内迅速腾飞，其经济发展速度令人震惊。特别是日本，在短短30年内就完成了美、英两国花费上百年时间才完成的工业化进程。与日本不同，绝大多数发展中国家的经济在二战结束后却发展缓慢，并且曾一度停滞不前。这种截然相反的格局，虽引起越来越多学者的关注和热议，但应用新古典经济学所建立的经济增长理论，却无法对其进行解释和说明。

再次，收入分配上的问题，在当时也引起了学术界的广泛关注。因为按照要素同质性假说，（一个国家）公民之间的收入水平不应出现很大的差距，但是在美国，出现了严重的公民收入不平等现象。毫无疑问，这也对新古典经济学的基本假说形成了挑战。

基于上述问题的出现，并力图对这些“反常”的经济现象作出有力的解释和回应，Mincer（1958）[31]、Schulth（1961）[32]，以及 Becker（1962）[33] 等人在前人研究的基础上，创造了现代人力资本理论，期间不仅对人力资本的概念、内涵进行了系统而全面的阐述，还从微观的层面对人力资本对于经济增长的贡献，以及对于收入分配的影响进行了测度。总体而论，该理论的核心观点主要包括以下三个方面：（1）人力资本是通过投资而体现在劳动者身上的一种资本类型，其包含劳动者的知识程度、技术水准、工作能力以及健康状况等多个方面，是与劳动力素质有关的一系列价值的总和。关于这一点，Schulth（1960）在当选美国经济学会会长，发表题为《人力资本投资》的就职演说时就曾指出："人力资本主要是指凝聚在劳动者本身的知识、技能以及劳动者自身所表现出来的劳动能力，它是人们通过有目的的投资而获得的，并且是资本的一种表现形式"①。Becker（1962）也曾指出，人力资本不仅包括才干、知识和技能，还包含时间、健康和寿命等[33]。（2）资本可分为物质资本和人力资本两种形式，因此除物质资本和劳动以外，人力资本也是一项重要的生产要素。而且，人力资本不但对于经济增长具有着重要的推动作用，还是经济得以持续、长期增长的最终源动力。（3）在其他条件相接近的情况下，劳动者自身的人力资本水平差异，是构成劳动者异质性、个体间收入分配差距，以至宏观经济增长差异的最为重要原因。

（二）人力资本理论与宏观经济增长模型的发展

现代人力资本理论的形成和建立，也推动了经济增长理论的不断丰富和向前发展。从发展的脉络上来看，继 Solow（1956）[3] 创立新古典 * 增长

---

* Schultz（1961）还曾指出："劳动者并非传说中的是因为公司股份所有权的扩散才变成资本家，而是由于他们获得了具有经济价值的知识和技能。这种知识和技能大半是投资的产物，并且与其他人力资本一起，构成了技术先进国在生产力方面占优势的主要原因。在研究经济增长的时候无视这些人力投资，就等于试图不用马克思主义来解释苏联的意识形态一样"。具体可参见：Schultz, T.W. "Investment in Human Capital", The American Economic Review, 1961, 51(1), p. 3.

理论以后，Uzawa（1965）率先对索洛的经济增长模型进行了拓展，并通过引入教育部门，把只包含生产部门的新古典经济增长模型扩充成为一个包含“非生产型”教育部门和“有形要素投入”部门的“两部门增长模型”。该两部门模型的理论推导过程表明，技术的变化源自于专门生产思想的部门，假定社会配置一定的资源到非生产型的教育部门，则会促进新知识的产生。而新知识的运用反过来又会促进本部门生产率水平的提高，并且能够被其他部门以零成本的方式所获取，继而提升这些生产部门的生产率和产出水平。同时，该教育部门内要素的递增边际收益不仅能够抵消物质生产部门内要素的递减边际收益，也能够在整体上保证经济的持续增长[93]。在此之后，Romer（1986）通过将知识视为一项独立的要素，构建了“知识溢出增长模型”。在该模型中，知识或技术被看作是私人厂商意愿投资的产物。虽然与物质资本的投资相类似，即私人厂商进行知识投资也将导致知识资本在边际收益上的递减，但是，假设知识具有足够高的溢出效应，那么就足以抵消这种递减趋势，从而使知识投资的整体社会收益率水平保持不变或呈现出递增趋势[94]。从实践上来看，该模型不仅能够解释世界各国的经济为何在Romer所处的那个年代大都经历了高速的增长，同时也能够说明发达国家和发展中国家的经济水平差距为何会表现出日益扩大。此外，Lucas（1988）还对人力资本理论和索洛的新古典增长理论进行了整合，并通过对“两部门增长模型”进行拓展，构建了包含专业化人力资本积累的“人力资本溢出模型”，为后来研究人力资本与经济增长关系的很多学者所采用[95]。以外部溢出效应对于提升其他劳动者产出效率水平所具有的积极促进作用，以及劳动者从教育中所获得和积累的人力资本对于提高自身产出效率水平、经济总产出水平所具有的直接推动作用两方面入手，该模型能够说明，专业化的人力资本是经济增长的真正源动力，而且在长期内，两国之间经济增长率和收入水平上的差距，也主要是源自于人力资本投入上的差异。

（三）人力资本的度量

因为“干中学”（工作过程中的“边干边学”）对于人力资本的积累和提高幅度很难在数量上进行精确测算，因而在实证过程当中，对于人力资本水平的测度，多是从劳动者受教育年限的角度来进行切入。而在这其中，广为接受和普遍被采用的方法又主要包括以下两种：（1）总量上的度量，即以劳动者受教育年限的加总值来反映一个国家或地区的总体人力资本水平。（2）平均上的度量，即以劳动者的人均受教育年限来反映一个国家或地区的平均人力资本水平。从已有实践来看，为同时体现人力资本对于劳动者素质的提高（溢出效应）和人力资本对于经济增长的直接推动作用两个方面，在 Lucas（1988）的人力资本溢出模型中，采用了总量和平均相结合的方式[95]。与之不相同，Barro 和 Lee（2001）则在详细分析和论证的基础上，建立并采用了人均受教育年限法[52]。此外，从后续的相关研究来看，尽管各学者都是立足于不同的研究侧重点，以及基于不同的理论模型，而区别性地对该两种方法进行了选取，但是这其中也呈现出了趋势性的变动轨迹，即近几年来，越来越多的学者更加倾向于选择 Barro 和 Lee（2001）[52] 所建立的人均受教育年限法。

三、人力资本结构理论

准确来讲，关于人力资本结构方面的研究，截止到目前也尚未形成一套完整的理论体系。因此本书这里所要描述的人力资本结构理论，主要是指近年来逐渐兴起的关于人力资本结构变动影响经济增长的相关讨论，以及期间所出现的关于人力资本结构应该如何来进行衡量的问题。

（一）人力资本结构变动与经济增长

该方面的研究最早也出现在实证领域，并且随着相关实证探索的不断深化和扩展而取得了逐步推进。具体而言，伴随着现代人力资本理论的出现和逐渐趋近成熟，步入上世纪 90 年代以后，国外一些学者开始转向关注人力资本结构变动是否以及会如何影响到经济增长，并重点对以劳动者受教育非均等程度为主要内容的人力资本结构变动对于经济增长的影响展开了实证探索。这其间的主要代表人物有 Barro 和 Sala–i–Martin（1995）[96]、Birdsall 和 Londonno（1997）[50]、Lopez 等（1998）[51]、Tomas 等（2001）[53]，以及 Casello 和 Domenece（2002）[97] 等人。通过开展相关的实证考察，上述学者都发现，除人力资本总量和平均水平以外，人力资本结构上的变动，对于国家和地区的经济增长也具有着十分重要的影响。而且多数的实证研究结果都表明，在人力资本非均等程度与人均收入水平以及经济总产出水平之间，存在着显著的负向关系。如 Lopez 等人（1998）就曾以亚洲和拉丁美洲 12 个国家 1970~1995 年的面板数据为基础，对这些国家的人力资本结构与经济增长间的关系进行了实证探索。虽然基于线性回归模型所得到的估计结果在各个国家间存在着较大差异，但基于非线性回归模型所得到的估计结果却基本一致，即对于大多数国家而言，人力资本结构指标（人力资本非均等程度）与人均收入水平之间存在着显著的负向关系[51]。Castello 和 Domenech（2002）通过考察 1960~2000 年世界上 108 个国家的相关数据后发现，人力资本结构系数同经济增长之间不仅具有显著的负向关系，而且人力资本结构系数对于经济增长的影响，要比收入分布结构系数、平均受教育水平等指标表现得更为显著[97]。

关于人力资本结构变动影响经济增长的传递机制，Castello（2010）所开展的实证研究提供了一个可供参考和借鉴的思路：人力资本结构上的变动，会通过影响劳动者家庭的生育率和生命预期，来影响劳动者家庭对于人力资本的投资和积累，继而对整个社会的投资水平和人力资本的产出效率产生实质性影响。具体来讲，因为人力资本结构在很大程度上反映了教育家庭和非教育家庭在数量上的比例关系，而这两种家庭往往又具有着不同的生育率和生命预期，如教育家庭的生育率水平一般较低，且倾向于不断地追加人力资本投资，以至于人力资本的产出效率也不断随之提高，而对于非教育家庭而言，情况正恰好相反。此外，该项研究还发现，在人力资本结构保持一定的情况下，一个国家的信贷市场越是不完善，也越不利于上述各家庭对于人力资本的投资，以及不利于人力资本结构的改善，继而同样会对现实中的经济增长产生负面影响[98]。从我国国内来看，李秀敏（2007）曾借鉴上述学者所采用的相关研究方法，就我国人力资本结构变动对于经济增长的实际影响展开了探索，其研究结果显示，在过去一段时期内，人力资本结构的作用虽然只在我国少数地区是显著的，但是在这些地区，作为衡量人力资本结构的人力资本基尼系数，与经济增长之间的关系显著地表现为负[99]。应该说，人力资本结构变动会对经济增长产生影响这一论断，在近年来逐渐为越来越多的国内外学者所发现和认可。

（二）人力资本结构的衡量

为了能够准确而直观地衡量人力资本分布的非均等程度，在早期的研究中，多以人力资本分布的变异系数（如 Lopez 等，1998[51]）和人力资本分布的标准差（如 Birdsall 和 Londonno，1997[53]；Lopez 等，1998[51]）两个指标作为人力资本结构的代表。其中，人力资本分布的变异系数或标准差越大，就说明人力资本的分布越不均匀。随后，Tomas 等（2001）[52]、Casello 和 Domenece（2002）[97] 等人通过对这两种方法进行拓展，建立了一套反映人力资本非均等程度的基尼系数法，并将据此所得到的人力资本基尼系数选作为衡量人力资本结构的指标，为后来国内外一些开展相关研究的学者所采用，如李秀敏（2007）[99] 所采用的就是该种衡量方法。然而需要注意的是，对于该方法而言，也有其先天的缺陷和不足，即在现实中，对于整体的教育事业而言，一般存在着多个阶段（或层次），因此，应用人力资本基尼系数来衡量人力资本结构，继而探讨人力资本结构变动对于经济增长的实际影响，虽有着较强的理论含义，却很难发现到底是哪个教育阶段（或层次）的人力资本对现实中经济增长的作用表现得更为突出和重要，这也就会使该种方法在实践上的意义大打折扣。有鉴于此，步入本世纪以来，出现了其他一些衡量人力资本结构的方法，例如，Vandenbussche

等人（2006）就从各受教育阶段劳动人口占总劳动人口比重的角度，对人力资本结构进行了重新度量，并且对人力资本结构变动对于19个OECD国家经济增长的影响进行了实证考察。结果发现，在这些国家内，对全要生产率有显著促进作用的仅仅是受过高等教育的人力资本[100]。从国内来看，廖楚晖和杨超（2008）[101]，以及朱承亮等人（2011）[102]也曾利用此种方法，对我国的人力资本结构，以及人力资本结构变动对于我国经济增长所具有和形成的实际影响展开了实证探索，并且得出很多富有见解性的结论。应该说，相对于人力资本基尼系数法而言，该种方法无疑更加贴切于实际，并且对于问题的揭示力度，以及在现实中的可操作性，都表现得更为强一些。同时，这也是本书为何在文章的开篇部分就直接将人力资本内部投入结构定义为在阶段（或层次）上的投入结构的主要原因。此外，为了便于表述，在后面的论述中，所提及到的人力资本结构、人力资本层次结构，在没有特殊说明的情况下，均指的是从各受教育阶段（或层次）劳动人口占总劳动人口比重的角度而进行衡量的人力资本内部投入结构。

第二节　现实条件

一、产业结构变迁

三次产业的非同步发展，以及其间所发生的产业结构*的持续变迁，是新中国成立以来我国经济发展过程中所呈现出的一个突出特征。虽然从经济发展自身所具有的阶段性特征上来看，任何一个国家的工业化进程，都

---

* 从定义上来看，产业结构主要是指国民经济中各产业部门的构成状况以及各产业相互之间的联系和某些数量方面的比例关系。而对于产业结构的衡量方法，基于不同的角度，其在现实中可以有很多种。本文这里所采用的是从三次产业的角度来进行衡量，并具体以三次产业产值占三次产业总产值的比重来作为产业结构的衡量指标。

伴随着产业结构的形成和演变过程（李业俊和师婕，2007）[103]，但其更多地是针对于市场经济国家在工业化进程中所经历的产业非同步发展而言。而且从制度变迁的方式上来看，这期间三次产业所取得的发展，多得益于诱致性制度变迁*的推动，即各产业的发展速度、发展规模，是以社会对其所具有的实际需求，以及各产业自身所能够形成的潜在利益为基础而被决定的。一般而言，在国家的不同发展阶段，三次产业的形成和发展基础并不相同。比如在国家建立的早期和经济发展的初期，人们的需求更多地体现在物质生活方面，因此该时期内国家的建设和经济发展，主要是以满足人们对于衣、食、住、用等低级层次的需求为导向，以至相对于二、三产业而言，以农业为主体的第一产业，在该时期内具有着更加稳固的发展基础。随着物质生活上的需求逐步得到满足，以及当农业的发展取得一定规模以后，人们的需求就会上升到更高的一个层次，对于国防、机械化电器及现代化生产设备的需求，将逐渐超越第一产业，开始占据社会的主导。这为国家现代工业化体系的建立和向前推进，提供了现实的基础和条件。此后，随着第二产业的发展逐步满足人们的需求以后，精神层面的需求将逐步占据社会的主导，因此在进入这一阶段以后，以现代化服务业为主要内容的第三产业，就会渐渐取代第二产业的主体地位，成为国家经济社会发展新的重点。

与上述的发展脉络不同，建国后我国三次产业所经历的非同步发展，以及期间所形成的产业结构变动的轨迹，更主要的是与“以计划为主”、“计

---

* 林毅夫（1994）指出，制度变迁可分为诱致性制度变迁和强制性制度变迁两种，其中，诱致性制度变迁指的是现行制度安排的变更或替代，或者是新制度安排的创造，它由个人或一群（个）人，在响应获利机会时自发倡导、组织和实行。与之相反，强制性制度变迁由政府命令和法律引入和实行。在林毅夫看来，其两者之间所存在的最大区别在于，诱致性制度变迁必须由某种在原有制度安排下无法得到的获利机会引起。然而，强制性制度变迁则可以纯粹因在不同选民集团之间对现有收入进行再分配而发生。具体可参见林毅夫：《关于制度变迁的经济理论：诱致性制度变迁与强制性制度变迁》，载于（美）科斯，阿尔钦，诺斯等著．刘守英等译．财产权利与制度变迁——产权学派与新制度学派译文集 [M]. 上海：上海人民出版社，1994：371~393.

划与市场并重”，向“以市场为主”的制度层面上的逐步转变有关。从主要历史阶段上来看，建国后至改革开放前先工业化战略的提出和落实，并非完全基于当时的具体国情，而更多地是为了尽快缩短与发达国家之间的工业差距，以及巩固国家的国防实力，由政府部门所采取的强制性制度变迁所推动的。工业化体系初步建立以后，随着农村家庭联产承包责任制的逐步全面铺开以及改革开放战略的实施，在 1978 年至 1992 年中共十四大召开之前的这段时期，以农业为主体的第一产业和依托于比较优势而建立起来的轻工业才上升为国家的产业发展重点。这也就意味着，虽然建国后至十四大召开以前，我国同样经历了产业之间的非同步发展，但同时也出现了重（工业）、轻（工业）、农（业）在发展顺序上的倒置，而且在这段时期内，国家曾一度忽视对于第三产业的发展，导致第三产业在整体的发展速度和规模上相对滞后。到了 20 世纪 90 年代，三次产业对于我国总体经济的贡献差距明显增大（周业安和赵坚毅，2004）[104]。此后，随着一、二产业在前两个时期所取得的更为快速推进，自 1992 年中共十四大提出建立社会主义市场经济体制，特别是 1993 年党的十四届三中全会通过《中共中央关于建立社会主义市场经济体制若干问题的决定》以来，尽管我国三次产业间的发展逐渐趋于同步化，但由于人们对于第三产业的需求相对于前两个时期得到了更为有效的释放，使得在 1993 年以后的整个这段时期，我国的产业发展重点更多地指向了第三产业。其具体表现为：在三次产业的整体和其各自的内部结构不断调整和升级的过程中，以交通运输、网络通信、餐饮旅游等一批现代化服务业为主要代表的第三产业，相对于一、二产业而言，取得了更为长足的推进。与一、二产业于国民经济中所占的比重在总体趋势表现为逐渐下降相反，在这段时期内，第三产业于国民经济中所占的比重在总体呈现出逐步上升的趋势（见图 2~1）。而在进入本世纪以后，我国（三次产业间的）产业结构在各年间的波动幅度变得更为剧烈。可以毫不夸张地说，产业结构保持快速变动（王岳平，2004）[105]，成为了我国当前产业发展所具有的主要特征之一（见图 2~1）。

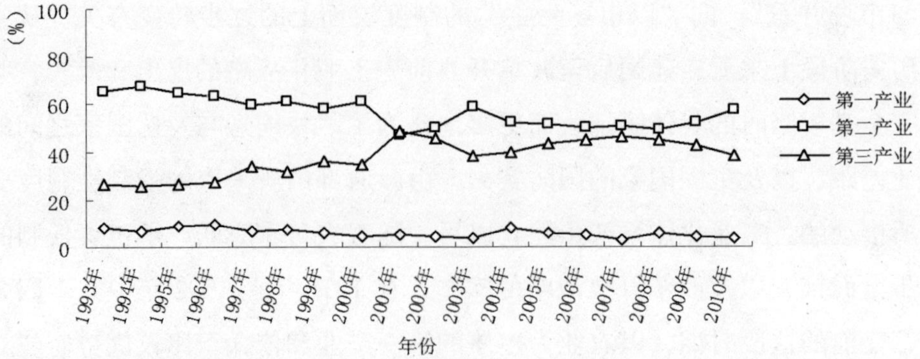

图 2~1　1993 年以来全国三次产业产值占国内生产总值比重变动状况

数据来源：《中国统计年鉴 2011》，2~12：国内总产值中三次产业贡献率。

更进一步来讲，一般而言，在产业结构不断发生变动的背后，所隐含的是资本和劳动两个生产要素各自在产业间投入比重（结构）的不断变动（在后文中，将具体描述这一变化）。当然，正如要素再配置效应理论中所提到，现实中这种变动的出现，一方面与三次产业内已有的资本和劳动存量在不同产业间的重新配置有关，一方面也与社会新创造和引进的资本和劳动要素在三次产业间的投入结构较之前所发生的变化有关。而且也可以推定，在未来三次产业发展逐步趋于同步化的进程中，资本和劳动两个生产要素内部投入结构的不断变动也将在现实中持续发生。这里所需要指出和说明的是，虽然从理论的角度而言，在完善的市场经济体系之中，该两种要素在产业间的横向流动并不会引起其各自产出效率水平的变化，但是对于我国而言，由于还处于市场经济体系的完善期，这不仅使得资本和劳动在产业间转移和流动的过程中往往要面临较大的迁移成本，同时也使得该两种要素在三次产业内产出效率水平的不同在现实中成为可能。而这也就意味着，前述这段期间所发生的资本和劳动内部投入结构上的变动，对于其两者自身的产出效率水平，以至于对于我国的整体经济增长，很可能会形成一定的实际影响。当然，对于这种影响是否在现实中真正形成这一问题，尚需要我们从实证的角度进行考察。

二、二元城乡结构

城乡之间的二元经济结构，是发展经济学派断言劳动力人口在城乡间迁移和流动会影响经济增长的最为根本前提。而众所周知的是，城乡二元结构也是我国经济社会发展进程中所具有的一个典型特征。而且应该说，我国城乡二元结构的形成又有着深刻的历史根源。新中国成立初期，为推进完备工业化体系的快速建立，以尽快缩小与工业化水平相对发达国家之间在经济发展上的差距，我国实行了农业支持工业的经济赶超战略和以差别化户籍制度为核心的城乡分割体制。其要点是实现城市与农村、工业与农业、工人（城市居民）与农民（农村人口）间的人为隔离。对于当时来讲，首先，以重工业优先发展为主要内容的经济赶超战略，不仅严重地偏离了国家的现实比较优势，同时也减弱了国有工业对于农村劳动力的吸纳能力，结合着国有工业内的劳动力保持着极强的自我封闭式循环，因此基本阻断了农村（剩余）劳动力向城市国有工业内有效迁移的途径，继而也人为地强化了城市现代工业部门与农村传统农业部门之间的二元经济结构；其次，为了维持城市人口的低工资和低消费水平，该时期国家所相继出台的户籍制度、粮油供应制度、劳动用工制度和社会保障制度等一系列的制度安排，将城市人口与农村人口人为地分割开来，进而也引致了城乡对立的二元社会结构*。从实际效果来看，这种经济和社会上的“双重”二元结构，虽造成了城乡经济社会发展上的诸多矛盾和差距，但也在整体上满足了工业化起步阶段对于原始资金积累的需求，继而不仅推动了工业化体系在国内的快速建立，也为我国早期现代化的建设奠定了稳固的经济基础。

然而在工业化建设不断向前推进的进程中，随着工业对农业、城市对农村、工人对农民的长期索取，这种城乡间相互隔离的二元经济社会结构，也因城乡经济社会发展差距的日益扩大而逐渐得到固化，并反过来进一步

* 关于这方面的详细论述，见蓝海涛.《改革开放以来我国城乡二元结构的演变路径》[J].《经济研究参考》,2005,(17).

助推了城乡经济社会发展差距的拉大，继而使得我国国内出现了城乡经济社会发展的“马太效应”。实施社会主义市场经济体制改革以后，虽然国家逐步加大了对于农村地区的扶持力度，相继落实了工业反哺农业、城市支持农村等支农惠农政策，并逐步对城乡户籍制度的改革进行了探索，但是以社会化大生产为主要特点的城市经济和以家庭式小生产为主要特点的农村经济这一相互对立的格局，一直没有得到妥善解决。与此同时，这种相互对立的二元格局，使得即便是在市场经济体制不断建立和完善的社会主义新时期，我国城乡之间在经济社会协调发展方面仍然面临着诸多的矛盾和问题。其主要有如下五方面的表现：

其一，随着家庭联产承包经营责任制在我国广大农村地区的普遍推行，虽使得这一坚固的二元城乡结构在制度上逐渐有所松动，使得我国的农业发展水平、农民的生产经营积极性、农业的总产出水平，以及农村家庭的实际收入水平都取得了较大幅度的提升，并且使得农业的规模化经营取得了一定推进，但是从当前来看，我国的农业发展尚未完全摆脱以小农生产、粗放经营为基础的传统生产经营模式。因此，对于我国当前的农业来讲，在发展进程上仍与城市地区的现代化大工业和现代化服务业之间存在着较大差距，城乡之间的生产力发展水平，也仍然存在着较大的缺口。

其二，进入上世纪 80 年代中期以后，国家相继对国有企业及机关事业单位的收入分配制度实施了调整，逐步建立了以城镇企业职工为主要对象的城镇社会保障制度，这不仅扩大了城乡居民间在收入上的差距，也使得城乡间的二元结构进一步固化。基于这样一种现实背景，步入社会主义市场经济体制建立和完善期之后，围绕着逐步妥善处理好效率与公平两者间的关系，国家又对我国的城乡收入分配制度进行了改革和调整。应该说，自此以后，我国城乡居民的收入水平都取得了不同幅度的提升，人们的生活水平也都普遍得到了改善。然而这里所仍然存在的问题是，在此期间，我国城乡居民间的相对收入差距并没有表现出明显的扭转趋势。而且在当前，我国更是已经成为世界上城乡收入差距最大的国家之一，其状况不容乐观。

其三，自本世纪初以来，随着城乡户籍制度改革在一些地区的相继启动，以及伴随着全国城乡社会保障制度一体化进程的加快推进，在我国国内，农村劳动人口向城市地区的迁移和流动逐渐变得活跃，文艺作家杨豪（2007）曾以“人类历史上前所未有、规模最大的人口迁徙”[106]，来描述近些年所出现的农村劳动人口向城市地区大规模迁移和流动的现象。然而这里所需要认识到的是，截止到当前，我国的二元城乡结构仍未得到全面瓦解，现实中阻碍劳动等要素在城乡间有效流转的因素仍然有很多，生产要素在城乡间配置不合理等问题也依旧普遍存在。当前，城乡生产要素的双向流动，无论是显性成本还是隐性成本都是高昂的*。

其四，虽然我国国内的市场经济体系在近些年愈显完善，但城乡统一的市场化体系仍未完全建立。在这种条件下，农村地区的小农业，在面临城市地区的大市场时，依旧处于明显的劣势地位，因此在当前，工农产品价格间的剪刀差问题，仍在现实中普遍存在。而且，这也在很大程度上限制了农业比较利益的更为有效提升。

其五，近年来，我国城市地区的道路、通信、卫生和教育等公共基础设施建设逐渐趋近成熟，与之相反，在我国的广大农村地区内部，基础设施的建设水平还显得明显地落后和不足。而从已有研究所得到的相关结论来看，对于生产要素来说，自身产出效率水平的高低往往又与其所面临到的基础设施条件有着莫大的联系。

基于上述的诸多矛盾和问题，以及结合要素再配置效应理论，我们可以初步地做出如下推断：无论是在市场经济体制改革和完善的初期，还是在未来一段时期内，资本和劳动两个生产要素自身在城乡（不同）产业间的产出效率水平都有可能表现出较大的不同。而对于各生产要素的产出效率水平在城乡之间究竟孰高孰低，则尚不能作出明确定论。尽管从城乡间

---

* 关于这方面的论述，可参见郭树清.《最重要的问题：应努力实现生产要素在城乡之间的双向自由流动》[J].《中国改革》，2012,(1).

的经济发展差距、收入分配差距，以及基础设施条件差距等方面，我们可以推定生产要素在城市地区将具有更高的产出效率水平，但是生产要素在城乡之间转移和流转障碍的存在，以及其对于生产要素的有效配置所产生的现实影响，则又在一定程度上降低了这种推定的合理性。然而终究可以肯定的一点是：长期存在的城乡二元经济社会结构，无疑增加了产业间要素投入结构变动会对我国现实经济增长产生影响的实际可能性。特别是其两者在第一产业与二、三产业间的重新配置，或是社会所新创造和引进的两种要素在第一产业与二、三产业间的投入结构较之前发生变动之后。

三、教育结构变迁

应该说，世界各国的发展实践都表明，随着市场经济体制的实施和不断完善，一个国家的经济社会发展，对于基础知识人才、专业知识人才，以及各类高素质人才的需求将不断增大并逐渐趋于多样化。在此背景下，教育对于经济增长的作用也将逐步地得到显化和增强。从我国国内来看，自实施社会主义市场经济体制改革以后，为满足国家经济社会发展对于各类人才的需求，我国的教育事业也进入了飞速发展的新阶段。因此在这段时期内，无论是基础教育事业（小学和初中），高中教育事业（普通高中和中高等职业教育），还是高等教育事业（大专、普通本科，以及硕博教育），都取得了长足的推进和扩张。然而我们同样能够发现，在整体上取得长足推进的进程中，我国的教育结构也经历了一个动态的变化过程*。这其中的原因主要在于两个方面：一是尽管各阶段的教育事业在该时期都取得了快速发展，但是在时间上并非完全同步；二是对于各阶段的教育事业而言，在规模扩张的程度上也并非完全相同。

* 教育结构是指构成一个国家教育体系的各个组成部分相互之间的比例关系和结合方式。其主要包括教育的层次结构、教育的类型结构、教育的办学形式结构和教育的管理体制结构等等。本书这里所说的教育结构，重点指的是教育的层次结构，并具体指各教育层次（或阶段）相互之间在招生、在校生、升学率和毕业生等方面的数量和比例关系。

从时间脉络上来看，自 1985 年开始实施九年制义务教育制度以后，国家又于 1993 年率先提出以基本普及九年义务教育和基本扫除青壮年文盲两者为核心的基础教育事业发展目标。此后，通过实行分步推进的工作指导方针，持续提高对于义务教育的资金投入水平，以及不断加强师资队伍的建设，到 2000 年，我国就如期实现了前述的这一“两基”战略目标，因此在该段时期内，我国的基础教育事业取得了最为飞速的推进。而按照《关于大力办好普通高级中学的若干意见（1995）》的要求，自 1996 年开始，我国高中教育事业的发展重点也逐步发生了改变，并从调整改革转变为全面推进普通高中教育的规模化发展。从 1996 年至 2000 年，我国的高中教育事业实现了连续六年的高速发展。在本世纪初，以北京市为代表的一些经济发达城市更是率先普及了高中阶段教育。虽然在大力提倡努力发展中等职业教育的背景下，自 2005 年以后，我国普通高中院校的规模扩张幅度明显下降，但是随着中等职业教育事业的快速发展，我国的高中教育事业还是在整体上保持了规模化的推进和扩张。此外，我国的高等教育招生制度虽然在 1977 年就得以恢复，但是高等教育事业在整体上的全面推进，却起源于上世纪的 90 年代后期。1999 年，国务院作出了扩大高等教育招生规模的重大决策，并在 1999 到 2001 年间，连续三年大规模地提高我国高等院校的招生数量，继而在 2002 年就实现了高等教育事业的大众化，同时也在总体上保证了高等教育事业在本世纪以来的最为快速和持续发展。

除发展时间上的不同之外，自 1993 年以来，我国各阶段教育事业在规模的扩张程度上也出现了一定的差异，仅从近几年我国各教育阶段院校在招生人数、升学率和毕业生人数等方面所经历的变化和存在的差异上，就可以很清楚地发现这一点。与此同时，在上述两方面差异的共同作用下，必然也就使得我国各阶段教育事业在纵向的结构上呈现出了不断的动态变化。而这一动态变化的出现，又使得我们可以进一步地做出如下推测：各阶段教育事业在时间发展顺序上的不同，以及在规模扩张程度上所出现的差异，会引致我国就业人口人力资本结构的不断变化（本书同样将这种变化在后文中给予详细描述）。如自实施社会主义市场经济体制改革以来，随着“两基”战略的逐步完善落实，对于小学毕业生而言，基本都升入到了初级中学，以进一步接受基础教育，因此在“两基”战略得到落实和逐步完善以后，社会总就业人口中受小学教育人口的数量并不会发生很大的变化和波动。与之相呼应，在该期间，随着高中教育和高等教育的持续大力扩招，社会总就业人口中受高中和高等教育人口的数量在近些年则表现为逐渐提高。这必然也就引起了我国人力资本内部投入结构上的变化。因此从人力资本结构理论的基本内容来看，自开始建立社会主义市场经济体制以来，除城乡二元经济社会结构和产业结构的变动之外，教育结构上所发生的变动，以及其所引致的人力资本内部投入结构的变化，也很可能会对我国的经济增长产生了一定的实际影响。

第三章

中国生产要素内部投入结构变动特征

对我国生产要素内部投入结构的整体变动特征展开盘查，能够为后面关于我国经济增长的要素结构动力和动因、我国生产要素内部投入结构存在的问题等方面的研究铺平道路。此外，鉴于我国地域辽阔，各地区间经济社会发展上存在较为普遍的非均衡现象，因此除生产要素内部投入结构的总体变动特征外，描述生产要素内部投入结构的分地区变动特征，也是一件非常具有现实意义的事情。其原因和必要性还在于：只有结合分地区的讨论，才能在考察整体变动情况、抓住整体变动特征的同时，全面把握我国生产要素内部投入结构是否存在某些地区性的差异和特征，并能够以此为基础，进一步围绕各地区经济增长的要素结构动力和动因、各地区生产要素内部投入结构存在的问题等方面展开讨论。

第一节　资本内部投入结构变动特征

一、整体变动特征

如第二章所提到，一般来说，现实中产业结构发生变动的背后，通常隐含着资本和劳动两个生产要素各自在内部投入结构上的变动。而从我国的实际情况来看，在整体产业结构不断发生变化的过程中，资本和劳动两个生产要素的内部投入结构不仅发生了持续的变动，而且还表现得较为活跃，这首先就体现在资本要素的内部投入结构上。就总体发展阶段而言，自实施社会主义市场经济体制改革、建立社会主义市场经济制度以来，我国的产业发展也随之步入了新的历史阶段，进入了产业升级和产业结构转型的全面过渡期。与此同时，在该一时期，伴随着全社会资本投入总量的逐年提高，三次产业间在非协调发展下的继续非同步推进，以及其间第三产业在总体上所取得的更为快速扩张，与我国整体的产业结构变动趋势相类似，在资本内部投入结构方面，也呈现出一、二产业内资本投入比重逐渐缩小，第三产业内资本投入比重逐步提高的总体变动趋势。然而，尽管在波动上表现得较为频繁和剧烈，但资本内部投入结构变动所经历的这一总体趋势并没有像产业结构变动所表现得那样显著。而且该期间我国资本内部投入结构的变动，与产业结构变动还存在另外一个明显的不同，即自1993年开始实施社会主义市场经济体制改革以来，我国第二产业产值占社会总产值的比重始终要高于第三产业；而在同时期，第三产业内资本投入占社会总资本投入的比重却始终要高于第二产业。当然，这里需要指出和说明的是，这在很大程度上与我国二、三产业自身的产业发展特征有关。如我国劳动力人口数量众多，在经济的发展上具有着很高的劳动（成本）

比较优势，因此为充分利用这一优势来提高自身在国内外市场上的竞争地位，对于我国现实中的第二产业而言，更多地聚集在了劳动密集型的行业。以至于相对于资本密集型的行业来说，其自身对于资本要素的依赖和需求程度还明显偏低，故而也就引致了产业内资本投入占社会总资本投入比重相对较低这一情况的出现。

该期间我国三次产业固定资产投资占社会总固定资产投资比重的变动状况，较好地刻画出了资本内部投入结构的总体变动特征。依照国家统计局 2003 年公布的最新《三次产业划分规定》*，中经网统计数据库提供的相关数据显示，我国三次产业固定资产投资占社会总固定资产投资的比重，分别从 1996 的 3.6%、44.2% 和 52.2%，调整为 2010 年的 2.8%、42.5% 和 54.7%。尽管其绝对变动量并未表明资本内部投入结构在变动上的显著性，但如果从相对量的视角来观察的话，那么就会发现这种变动表现得非常直观。具体而言，在这段时期内，我国一、二产业固定资产投资占社会总固定资产投资的比重分别相对下降了 22 和 4 个百分点，而第三产业固定资产投资占社会总固定资产投资的比重则上升了 5 个百分点。此外，在 1993 年以后的整个这段期间，第一产业固定资产投资始终占社会总固定资产投资中很小的一个部分，因而其在比重上虽经历了逐年波动，但上下波动的幅度并不是很大。相对而言，二、三产业固定资产投资占社会总固定资产投资的比重不仅相对较大，而且其两者在各年间所经历的上下波动也较为剧烈，波动的幅度表现得更为突出。从图 3~1 中 **，我们也可清晰地看到资本

* 从世界上通用的产业结构分类标准来看，对于三次产业的划分，主要依据的是社会生产活动在历史上的发展顺序。一般而言，产品直接源自于自然界的部门称为第一产业；对初级产品进行再加工的部门称为第二产业；为生产和消费提供各种服务的部门称为第三产业。但是需要指出的是，在各行业的具体产业归属上，各国之间在现实中还存在着一定的差异。我国对于三次产业的划分，具体可参见：三次产业划分规定 [EB/OL]，中华人民共和国国家统计局网站，http://www.stats.gov.cn/tjbz/t20030528_402369827.htm，2003 年 5 月 28 日。

** 当然，对于资本内部投入结构而言，最为合理的衡量指标是三次产业内资本存量占社会总资本存量的比重，而某一年的资本存量又等于基年的资本存量加上随后几年的

内部投入结构在近年来所表现出的这一整体变动特征。

当然，对于资本这一生产要素而言，其内部投入结构上的变动，除了与三次产业资本存量在产业间的重新配置有关之外，还与社会新创造和引进资本要素在产业间投入结构较之前发生变化有关。然而这并不会动摇上面的分析结论，因为如果从资本内部投入结构在各年间的具体表现上来看的话，那么我们又可以发现，无论是对于产业内原有资本、各产业部门新创造的社会资本来讲，还是对于新进入的国外资本而言，在二、三产业间的相互流动，以及向二、三产业内的大幅投入或撤出，都表现得异常活跃。就其阶段性的表现而言，第一，在实施社会主义市场经济体制改革到本世纪初之前的这段时期内，随着国家对于市场各个领域的逐步放开，人们对于第三产业的发展需求逐步得到了释放，这使得在这段时期内，我国的第三产业较一、二产业取得了更加快速的推进，并且在发展的规模上取得了更为空前的扩张。因此对于这一历史时期而言，我国产业间的资本流动主要表现为由第二产业向第三产业的转移，而且除第三产业自身外，第二产业新创造的资本要素，以及新进入我国的国外资本也更多地投向了第三产业。自中共十四大提出要“坚持社会主义公有制的主体地位，坚持多种经济成分共同发展”之后，伴随着社会主义市场经济体制改革的逐步深入，国外资本开始大量涌入，个体私营企业从无到有，也如雨后春笋般地迅速崛起。与此同时，由于第一产业进一步发展所面临的空间相对较小，而且当时中国工业企业自身存在改革困境，加上政策上的限制，以及结合

连续净投资（以基年的价格水平为标准）。然而通过与已有研究进行比较和对比后本书发现，图 3~1 中所描述的三次产业内固定资产投资占社会总固定资产投资的比重，无论是在总体的变动趋势上，还是在具体的数值和变动特征上，都与干春晖和郑若谷（2009）[107] 所计算出的以 1978 年为基期的三次产业内资本存量占社会总资本存量的比重（及该比重的变动状况）十分相似，而且几乎完全一致。除此之外，张军等人（2004）[108] 的研究结果还表明，就初始资本存量来看，如果给定足够长的投资（时间）序列，那么其对后续估计的影响将微乎其微。这些都说明了，以固定资产投资在三次产业内的投入比重来反映我国的资本内部投入结构状况，不仅是相对合理的，而且是切实可行的。

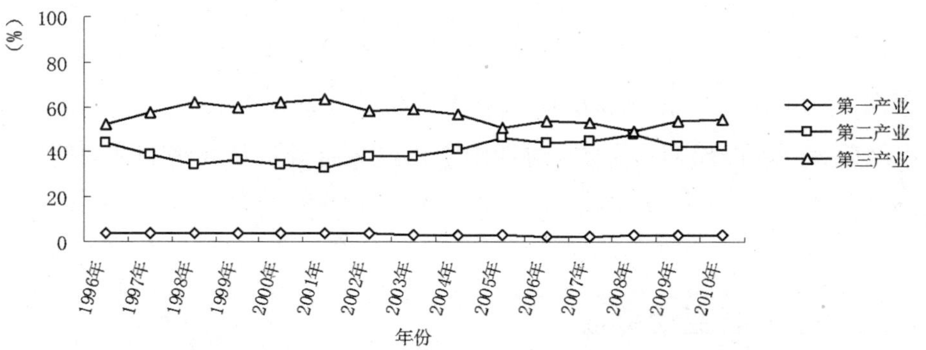

图 3~1　全国三次产业固定资产投资占社会总固定资产投资比重变动状况

数据来源：中经网统计数据库～综合年度数据库所提供的按行业分全社会固定资产投资额。

乡镇企业的兴起为第三产业发展所创造的诸多有利条件，对于这些外资和个体私营企业而言，更多涉足的是以餐饮、旅游、批发、零售等服务业为主体的第三产业；第二，步入 2001 年以后，随着我国加入 WTO，以代工生产等加工制造业为代表的一批工业企业，继改革开放初期后又一次迎来了新的发展机会，面临的市场空间进一步扩大。这不仅推动了第二产业在整体上的快速发展和规模上的持续扩张，同时也扭转了第三产业独占鳌头的产业发展趋势。因而在该历史时期内，产业间的资本流向较前一时期发生了逆转，即主要表现为由第三产业向第二产业的转移。而且，除第二产业自身外，第三产业新创造的资本要素，以及新进入我国的国外资本也更多地投向了第二产业。如自 2001 年加入 WTO 以后，我国沿海地区的大批工业企业就依托资源上的比较优势，紧抓国际产业分工带来的新机遇，通过扩大企业规模，积极吸引内资和外资，迅速而全面地融入到了全球经济体系之中。在这一过程中，我国工业产品的出口数额不断创下新纪录，并逐步取得了“世界工厂”的地位。“中国制造”的电器、服装、玩具等产品均在全球市场占据重要份额；第三，2007 年美国次贷危机的出现，以及随后全球金融危机在 2008 年的爆发，使得世界经济在后面的几年内持续低靡，全球市场需求水平大幅下降。在这种背景下，对于以工业产品出口为基础来开展对外贸易活动的中国而言，自然受到了国外需求水平下降所带来的冲击，以至于我国第二产业的发展再次面临阻力，多数制造业企业产品出口受挫，大量制造业企业破产倒闭，国内工业产品的整体生产规模大幅下降。因此在2007年以后的这段时期内，不仅大量外资从我国制造业行业相继撤出，而且更多的工业资本要素又再次流向了第三产业。

二、分地区变动特征

能够发现，如果以基本行政划分单位为基础，进而从省市一级的层面来对我国资本内部投入结构的分地区变动特征进行讨论的话，那么无疑将会导致工作量和文章的篇幅过于庞大，并将使得地区性特征的描述过于分散。故而本书选择了从更高一级的层面来进行入手，以便于全面地把握我国资本内部投入结构的分地区变动特征（当然，对于后面将要讨论的劳动和人力资本两个生产要素而言，所遵循的逻辑亦是如此）。

从实际状况来看，依据地理位置、经济社会发展水平、自然资源条件状况等方面的异同，可将我国整个大陆地区划分为东、中、西三大经济区域（经济带）*。与此同时，以“梯度推进”为主要方式的优先发展东部地区、随之逐步向中西部地区推移的改革开放战略，虽导致东、中、西三大区域在经济社会各领域的发展进程上出现了诸多差距，但同时也使得同一区域内各省市间在发展上呈现出很多的相同和相近之处。而这也就意味着，将东、中、西三大经济带各自作为一个整体，继而以三大区域各自的整体为代表，来展开对我国资本内部投入结构分地区变动特征的讨论，是较为合理的。

---

* 该种划分，与基于行政区域所进行的划分存在一定不同。从经济带上来看，我国的东部地区共包括北京、天津、河北、辽宁、上海、江苏、浙江、福建、山东、广东、广西、海南等12个省市；中部地区共包括山西、内蒙古、吉林、黑龙江、安徽、江西、河南、湖北、湖南等9个省份；西部地区共包括四川、重庆（1997年被划出四川省，成为直辖市，并开始被独立列项统计）、贵州、云南、西藏、陕西、甘肃、宁夏、青海、新疆等10个省市。

首先，从三次产业内资本投入占区域总资本投入的比重上来看，中经网统计数据库提供的相关数据显示，1996年，东、中、西部地区三次产业固定资产投资占区域总固定资产投资的比重分别为3.0%、39.0%、57.0%，4.4%、45.1%、50.5%和5.3%、44.3%、50.4%，而在2010年，这组数据分别变为1.9%、42.0%、56.1%，3.8%、47.6%、48.5%和4.0%、38.2%、57.7%。这说明对于我国而言，自实施市场化改革至今，第一产业内资本投入占社会总资本投入比重始终较小、二、三产业内资本投入占社会总资本投入比重始终较大的状况，无论是在整体上，抑或是在分地区上，都是普遍存在的。

其次，从变动方向上来看，对于上述三大区域而言，第一产业资本投入占区域总资本投入的比重，在近年来全部表现为数量上的逐渐缩小。而二、三产业资本投入占区域总资本投入的比重则交替上升。具体而言，对于东部和中部地区而言，第二产业资本投入占区域总资本投入的比重在经历本世纪以前的逐年下降之后，自进入本世纪初开始出现扭转，并在随后的各年间基本保持了逐年提高的趋势，直至2008年全球金融危机爆发后才出现略微下降。与之相对应，第三产业资本投入占区域总资本投入的比重在经历本世纪以前的逐年提升之后，自进入本世纪初开始逐步下降，直至2008年全球金融危机爆发后才出现略微上升。应该说，这些都与我国资本内部投入结构所具有的整体变动特征相一致；对于我国的西部地区而言，第三产业资本投入占区域总资本投入的比重在经历本世纪以前的快速提升之后，自2001我国加入WTO开始就始终保持逐年下降。与之相对应，第二产业资本投入占区域总资本投入的比重，在经历本世纪以前的快速下降之后，自2001开始则始终保持着逐步上升的趋势。可以发现，这是与我国资本内部投入结构所具有的总体变动特征不同的地方（见图3~2、3~3和3~4）。

再次，从三次产业资本投入占区域总资本投入比重的具体变动数量上来看，中经网统计数据库提供的相关数据显示，除三大区域第一产业固定资产投资占区域总固定资产投资的比重全部表现为逐渐缩小以外——分别从1996年的3%、4.4%、5.3%，下降到了2010年的2%、3.8%和4%，自1996年以来，对于我国的东部和中部地区而言，第二产业固定资产投资占区域总固定资产投资的比重，在经过前述三个阶段性的上下波动后，到2010年仍较之前有所提高，且其相对升幅的数值分别达到8%和6%。与此同时，该两区域第三产业固定资产投资占区域总固定资产投资的比重，则分别较1996年相应地有所下降，其相对降幅的数值依次达到3%和4%；对于西部地区而言，到了2010年之后，第二产业固定资产投资占区域总固定资产投资的比重较1996年有所下降，且下降的幅度与东、中部地区相差较大，其相对数值达到14%，而第三产业固定资产投资占区域总固定资产投资的比重则较1996年相应地有所提升，其相对升幅的数值达到15%。

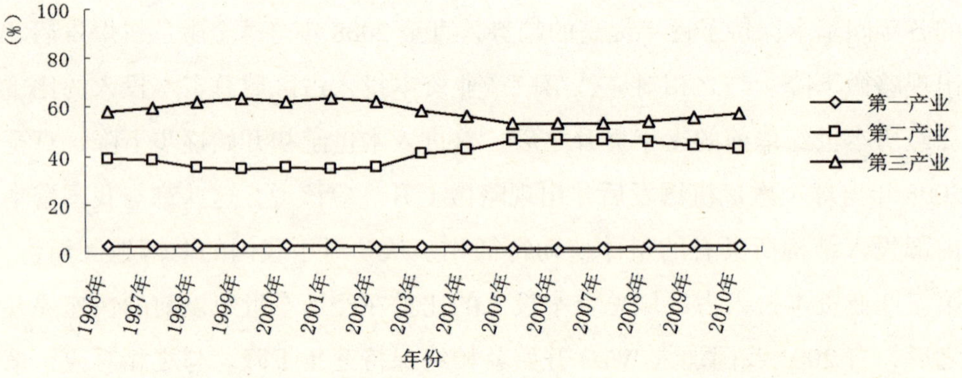

图3~2　东部地区三次产业固定资产投资占地区总固定资产投资比重变动状况

数据来源：中经网统计数据库～综合年度库所提供的东部地区各省市1996~2010年三次产业固定资产投资额。

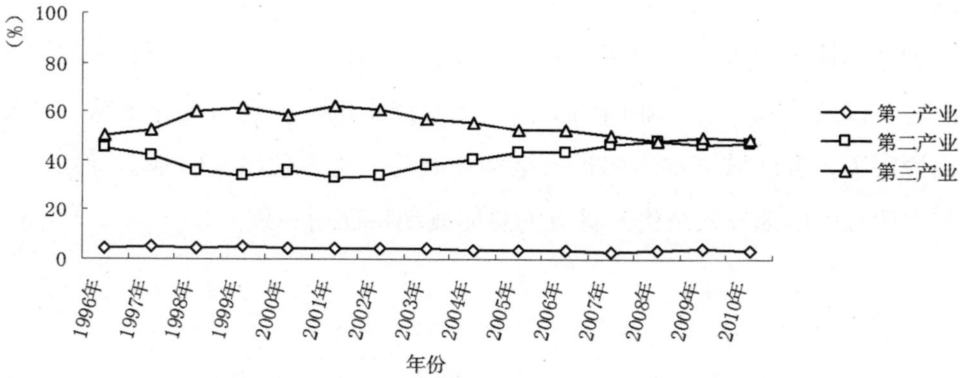

图 3~3　中部地区三次产业固定资产投资占地区总固定资产投资比重变动状况

数据来源：中经网统计数据库～综合年度库所提供的中部地区各省市1996~2010年三次产业固定资产投资额。

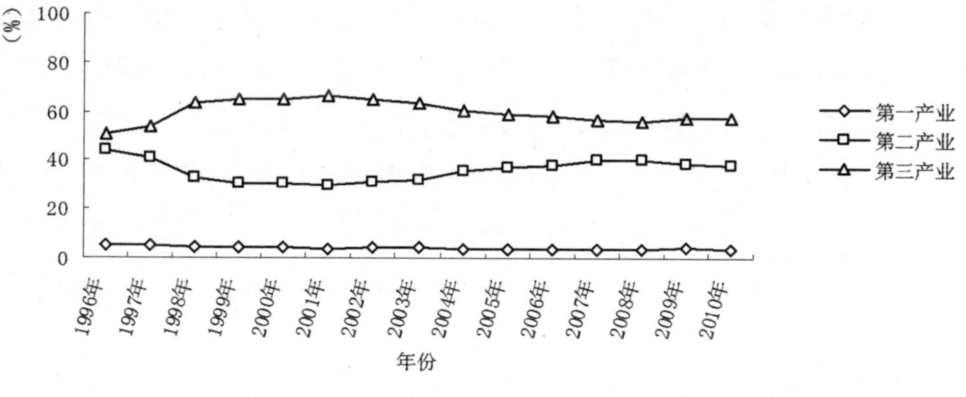

图 3~4　西部地区三次产业固定资产投资占地区总固定资产投资比重变动状况

数据来源：中经网统计数据库～综合年度库所提供的西部地区各省市1996~2010年三次产业固定资产投资额。

最后，从资本内部投入结构在各年所经历的上下波动情况来看，对于三大区域而言，第一产业资本投入占区域总资本投入的比重在各年间的波动幅度都不是非常显著。而二、三产业资本投入占区域总资本投入的比重则不仅在各年间的波动非常明显，其上下波动的幅度也更加显著和突出（见

图 3~2、3~3 和 3~4)。此外，对于二、三产业内的资本存量、二、三产业新创造的社会资本，以及新进入的国外资本而言，在二、三产业间的相互流动，以及向二、三产业内的更多投入或撤出也都表现得更为活跃。这些都说明了，各区域资本内部投入结构在波动上所表现出来的基本特征，也与我国资本内部投入结构所具有的总体波动特征相一致。

第二节　劳动内部投入结构变动特征

一、整体变动特征

社会主义市场经济制度的确立和社会主义市场经济体制改革在其后的不断落实，在一定程度上降低了我国劳动人口在产业间、城乡间迁移时所面临的成本，为劳动人口的充分流动创造了更为有利的条件。然而在三次产业保持非同步发展、产业结构不断发生变动的过程中，随着劳动人口迁移和流动规模的不断扩大，自实施市场化改革以来，我国劳动内部投入结构的变动不仅在整体上与资本内部投入结构的变动大相径庭，甚至在局部的表现上也不尽相同。这主要体现在：尽管我国国内的劳动总人口数量逐年增多，但是在这段时期内，第一产业的劳动人口数量，以及产业内劳动人口占社会总劳动人口的比重，都始终保持着持续下降的趋势。而二、三产业的劳动人口数量，以及产业内劳动人口占社会总劳动人口的比重，则始终保持着持续上升的趋势。与此同时，对于三次产业劳动人口占社会总劳动人口的比重而言，基本保持着与上一年相同的变动方向。这样的变动特征无疑说明了，随着农村家庭联产承包经营责任制的不断巩固、农业生产力水平的逐渐提高、其他两次产业在该时期的更为快速发展，以及城乡（分割）户籍制度的逐渐松动，我国劳动内部投入结构保持了单一稳定的变动趋势，劳动人口从第一产业向二、三产业的大规模转移，以及社会新增劳动人口更多地向二、三产业流动，表现得最为突出和活跃。“农民工”、“新生代农民工 *” 这两个社会新名词的相继出现和自本世纪初以来逐渐为人们所耳熟能详，正是劳动内部投入结构表现出前述变动特征的一个完美写照。与此同时，这也与要素再配置效应理论中所描述的市场化改革后国内所发生的大量农村人口向城市地区迁移的基本状况相吻合。然而从图 3~5 中我们仍然能够发现，相对于一些发达国家和地区而言，当前我国第一产业就业人口占社会总就业人口的比重仍然偏高，这说明我国不仅依旧是一个农业人口大国，而且也仍然属于一个传统型农业大国。

该时期我国劳动内部投入结构的变动轨迹，与资本内部投入结构还存在着另外两方面的不同：首先，由于第三产业在该时期内取得了更为有效推进，而且在其发展的初期，产业内的行业又多以劳动密集型的服务业为主，因此对于这些行业而言，自身对于劳动要素具有着很高的实际需求。从现实来看，这使得第一产业劳动人口向第三产业的转移规模，在该时期要显著地高于其向第二产业的流动。尽管在我国加入 WTO 以后，随着以加工制造业为代表的一批工业企业的快速崛起，第一产业劳动人口向第二产业转移的规模得到了一定提升，但整体上仍小于其向第三产业的流动。同样，从下面的图 3~5 中可以清晰地看到这一点；其次，与资本内部投入结构的变动是由三次产业内原有资本存量、各产业新创造的社会资本，以及新进入的国外资本在产业间的不断流动所引致不同，对于劳动内部投入结构的变动而言，除了与第一产业劳动人口向二、三产业的不断转移有关之外，更主要地是由社会新增劳动人口更多地流向第三产业所致。如果从具体的数字变动上来看的话，那么将更加有利于我们清晰地了解这一情况。中经网统计数据库提供的相关数据显示，在总量水平的变动上，我国就业人口从 1993 年的 66808 万人上升到了 2010 年的 76105 万人，就业人

* 当然，本书在这里并没有贬低我国农民身份的意思，而只是以这两个名词的出现来间接地反映近年来所出现的劳动人口由第一产业向二、三产业大幅迁移和流动这一现象。

口净增加 9207 万人，相对涨幅达到 14%；在各产业就业人口数量的变动上，第一产业内的就业人口，从 1993 年的 37680 万人，下降到了 2010 年的 27930.5 万人，人口净减少 9479.5 万人，相对降幅达到 26%；第二产业内的就业人口，从 1993 年的 14965 万人，上升到了 2010 年的 21842.1 万人，人口净增加 6877.2 万人，相对涨幅达到 50%；第三产业内的就业人口，从 1993 年的 14163 万人，上升到了 2010 年的 26332.3 万人，人口净增加 12169.3 万人，相对涨幅达到 93%。

在三次产业就业人口占社会总就业人口比重的变动上，第一产业就业人口占社会总就业人口的比重，从 1993 年的 56.4%，下降到了 2010 年的 36.7%，相对降幅达到 35%；第二产业就业人口占社会总就业人口的比重，从 1993 年的 22.4%，上升到了 2010 年的 28.7%，相对涨幅达到 22%；第三产业就业人口占社会总就业人口的比重，从 1993 年的 21.2%，上升到了 2010 年的 34.6%，相对涨幅达到 39%。而且从近几年来看，第三产业就业人口数量及其占社会总就业人口的比重，都表现出将要逐渐超过第一产业的趋势。

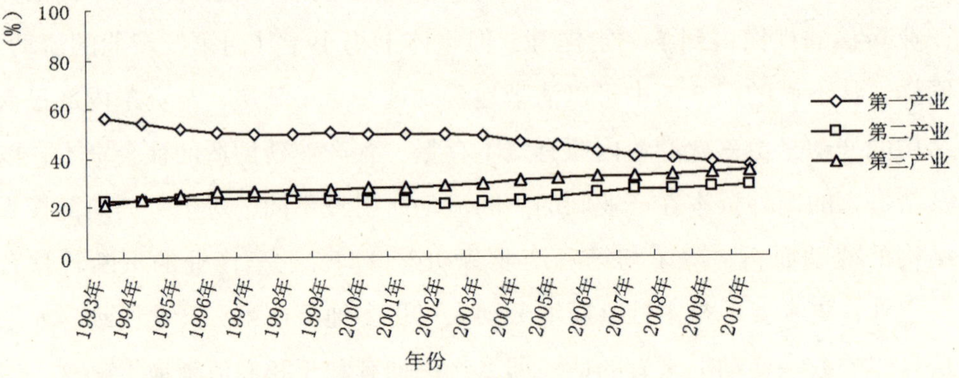

图 3-5　全国三次产业就业人口占社会总就业人口比重变动状况

数据来源：中经网统计数据库～综合年度库～按三次产业分就业人员占总就业人员比重。

二、分地区变动特征

从分地区的层面来看，自 1993 年实施社会主义市场经济体制改革以来，随着二、三产业，特别是第三产业在全国范围内的更为有效推进，在劳动投入数量保持逐年提高的情况下，我国东、中、西三大区域劳动内部投入结构上的变动，都表现出了第一产业劳动人口数量、产业内劳动人口占区域总劳动人口比重相对下降，二、三产业内劳动人口数量、产业内劳动人口占区域总劳动人口比重相对上升的基本特征，这些均与我国劳动内部投入结构在总体变动上所表现出的基本特征相同（见图 3~6、图 3~7 和图 3~8）*。

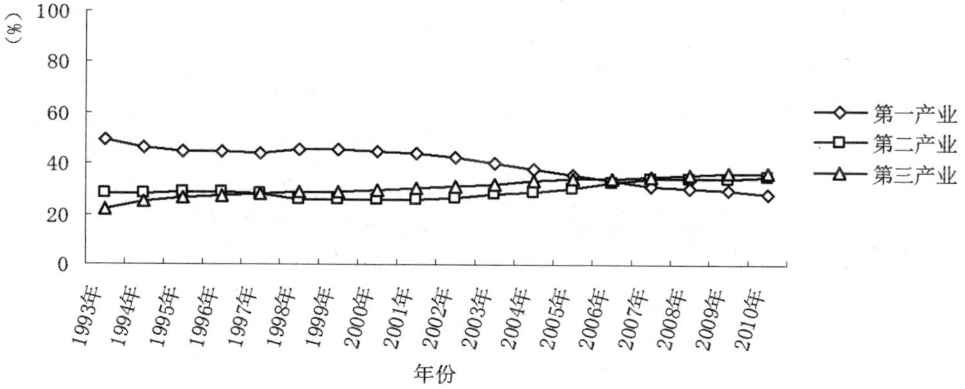

图 3~6　东部地区三次产业就业人口占地区总就业人口比重变动状况

数据来源：中经网统计数据库～综合年度库所提供的东部地区各省市 1993~2010 年三次产业就业人口数量。

* 由于统计数据库及相关统计年鉴中缺失2006年我国各地区三次产业就业人口方面的数据，因此在计算各地区三次产业就业人口占地区总就业人口比重的过程中，对于各地区 2006 年三次产业就业人口方面的数据，是以各地区 2005 年和 2007 年三次产业就业人口的平均值进行了代替。并通过进一步的计算，得到东、中、西各区域 2006 年三次产业就业人口占地区总就业人口的比重。

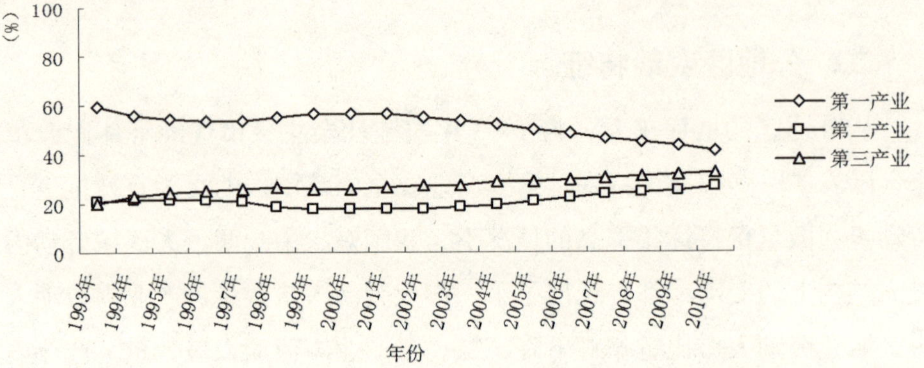

图 3~7　中部地区三次产业就业人口占地区总就业人口比重变动状况

数据来源：中经网统计数据库～综合年度库所提供的中部地区各省份1993~2010年三次产业就业人口数量。

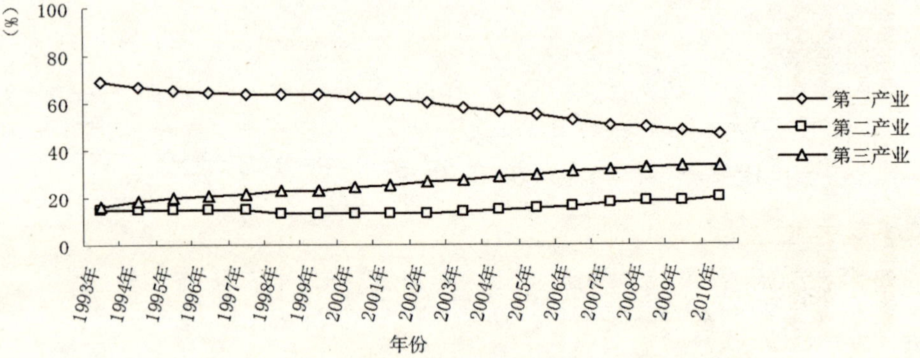

图 3~8　西部地区三次产业就业人口占地区总就业人口比重变动状况

数据来源：中经网统计数据库～综合年度库所提供的西部地区各省市1993~2010年三次产业就业人口数量。

从变动趋势上来看，对于上述三大区域而言，第一产业劳动人口数量、产业内劳动人口占区域总劳动人口的比重，都始终保持着持续下降的趋势。而二、三产业劳动人口数量，以及产业内劳动人口占区域总劳动人口的比重，也都始终保持着持续上升的趋势（见图 3~6、图 3~7 和图 3~8）。两方面的基本特征，使得各区域内三次产业劳动人口占区域总劳动人口的比重，基本保持了与上一年相同的变动方向。这些也都与我国劳动内部投入结构所具有的总体变动特征相吻合。

从数量表现上来看，与第一产业资本投入占区域总资本投入的比重明显偏低相反，对于上述三大区域而言，虽然第一产业劳动人口占区域总劳动人口的比重在近年来逐渐下降，但是在当前仍然相对偏高，并且在地域上呈自东向西逐步变大的态势。当然，这除了与我国现代化农业的总体发展进程仍明显滞后有关以外，还与农业自身特性所决定的其对于劳动要素的依赖程度要明显地高于资本有关。然而不管怎么说，我们必须承认的一点是，近些年来，我国农业部门内的资本——劳动投入比还是要远低于同时期的世界发达国家和地区。中经网统计数据库提供的相关数据显示，在1993年，东、中、西三大区域第一产业就业人口占区域总就业人口的比重分别为49%、60%和69%，而在2010年，这组数据仅分别下降到了28%，41%，47%。与此同时，除东部地区以外，在当前，中、西部地区第一产业就业人口占区域总就业人口的比重仍要明显地高于其他两个产业（见图3~6、图3~7和图3~8）。而这也就进一步说明了，尽管各区域内第一产业就业人口数量及其占区域总就业人口的比重在近年来都出现了较大幅度的下降，但第一产业就业人口占区域总就业人口比重明显偏高，二、三产业就业人口占区域总就业人口比重相对偏低的状况，在我国仍具有着很大的普遍性，且表现得较为突出。

从变动幅度上来看，中经网统计数据库提供的相关数据显示，1993~2010年间，第一产业就业人口占区域总就业人口的比重，在东部地区下降的速度最快，其相对降幅达到43%，其次依次为西部和中部地区，相对降幅分别达到32%和30%；第二产业就业人口占区域总就业人口的比重，在西部地区上升的速度最快，其相对升幅达到34%，其次依次为中部和东部地区，相对升幅分别达到26%和24%；第三产业就业人口占区域总就业人口的比重，在西部地区上升的速度最快，其相对升幅达106%，其次依次为中部和东部地区，相对升幅分别达到65%和64%。自实施市场化改革以来，除东部地区第二产业就业人口占区域总就业人口的比重始终与第三产业保持持平以外，在我国的中、西部地区，第三产业就业人口占区域总就业人口的比重，都要始终地高于第二产业（见图 3~6、图 3~7 和图 3~8）。而且自进入本世纪初以来，在我国的东、中部地区，二、三产业就业人口占区域总就业人口的比重，基本保持着同步上升的趋势，因此（二、三产业间）产业内就业人口占区域总就业人口比重上的差距，在各年间的变动很小，基本维持在了一个较为稳定的水平之上。然而在我国的广大西部地区，二、三产业就业人口占区域总就业人口比重上的差距，在进入本世纪以后仍保持着持续拉大的趋势。应该说，这种情况的出现，一方面与我国的工业制造业和工业加工企业主要集中在东部沿海地区这一基本状况相符,一方面也印证了西部地区在承接区域产业转移过程中所遭遇到的“用工荒”和“用工难”两个现实问题。

第三节　人力资本内部投入结构变动特征

从层次或阶段上来看，我国的整体教育事业可划分为小学教育、初中教育、高中教育和高等（大专及以上）教育等四个主要阶段。其中，对于小学教育而言，其在现实中又主要包括普通小学教育和成人小学教育两种；对于初中教育而言，在现实中主要包括普通初中教育、成人初中教育和职业初中教育三种；对于高中教育而言，在现实中主要包括普通高中教育、成人高中教育和中等职业教育三种；对于大专及以上教育而言，在现实中主要包括普通本科教育、普通专科教育、成人高等教育、民办其他高等教育机构教育，以及硕士和博士研究生的教育和培养等五种。同时，在前述的这种划分下，对于我国的劳动人口而言，其自身也就依所接受过的教育水平而被具体细分成为了五个层次：未受过教育人口（即文盲人口）、受小学教育人口、受初中教育人口、受高中教育人口、以及受大专及以上教育人口。另一方面，由于工作过程中的“边干边学”对于劳动者自身素质和能力的提升，以至其所带来的劳动者自身人力资本存量的增加，很难有效地进行处理和测算，因而关于劳动者的人力资本水平，通常是以其所接受的正规教育的平均受教育年限来进行反映和衡量。当然，这一方面还在于教育事业本身就是培养和提高人力资本水平的一条重要途径。此外，正如前文所述，在近几年的最新研究中，对于劳动人口的人力资本结构，更多地倾向于以各受（正规）教育阶段劳动人口占社会总劳动人口的比重来进行测度和衡量。

一、整体变动特征

正如本书的第二章中所提到，自实施市场化改革、全面建立社会主义市场经济体制以来，我国的教育体制改革也逐渐地向纵深推进。在此背景下，我国的教育事业步入了更为快速的发展阶段。而教育事业在整体上的更加快速发展，除了为提高和改善我国整体人力资本水平做出了更为突出的贡献之外，也使得教育事业在发展进程中呈现出了一些更加显著的趋势性特征，也就是前面所提到的教育层次结构变动及其变动特征。与此同时，我国人力资本内部投入结构的变动趋势，总体上也与该时期我国教育结构的变动趋势相一致。尽管在理论上而言，由于教育对于人力资本的培养和提高需要一定的周期，因此当整体教育结构发生变动之后，其所引致的人力资本内部投入结构的变动将（相对于教育结构的变动而言）表现出一定的滞后性，但是从受教育的阶段性划分上来看，除少数和个别年份之外，在这一时期，随着“两基”教育战略的不断落实和推进，以及中高等（也就是高中阶段）教育事业、高等教育事业自上世纪 90 年代中期以来先后在规模上的更为快速扩张，我国总劳动人口中的文盲人口、受小学教育人口所占的比重，仍然呈现出了逐年下降的趋势。与之相反，在同时期内，我国总劳动人口中受初中、高中和大专及以上教育人口所占的比重，则全部

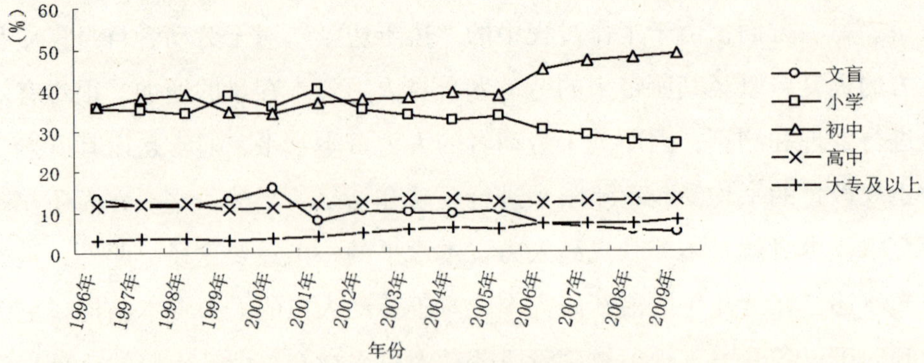

图 3~9 全国总就业人口中各受教育阶段人口所占比重变动状况

数据来源：1997~1999、2000~2006 年中国统计年鉴，2007~2010 年中国人口和就业统计年鉴。图 3~10、3~11、3~12 同。

呈现出了逐年提高的趋势。然而从图 3~9 中也可以清晰地发现 *，我国人力资本内部投入结构所发生的这种趋势性变动，无论是与世界上的发达国家相比，还是对于我国自身经济社会的发展进程而言，在速度和进程上都还显得相对较慢。这主要体现在：近几年来，我国的高中教育院校，特别是高等教育院校每一年的入学人数、在校生人数，以及每一年的毕业生人数都远低于九年制义务教育院校（小学和初中）。与之相对应，从劳动人口的人力资本结构来看，近几年来，我国总劳动人口中受小学和初中教育人口，以及其所占总劳动人口的比重，也都仍始终占据着绝对的规模。《中国人口和就业统计年鉴 2010》提供的相关数据显示，2009 年，我国总就业人口中文盲人口所占的比重为 5%，受小学和初中教育人口所占的比重则分别达到 26% 和 49%，而受高中、大专及以上教育人口所占的比重，仅分别

* 上述的中国统计年鉴与中国人口和就业统计年鉴，分别提供了 1997 年、1998 年以及 2006~2009 年我国从业人员的受教育程度及构成情况。具体包括文盲人口、受小学教育人口、受高中教育人口、受大专及以上教育人口占总就业人口的比重。其中，关于我国 1999~2005 年就业人口中各受教育阶段人口所占的比重，以 2000~2006 年中国统计年鉴中所提供的基于抽样调查而得到的全国 6 岁及以上人口受教育程度及构成情况的数据来进行反映。

为 13% 和 7%。与此同时，这也在另一方面说明了，虽然我国的人力资本内部投入结构正处于向高层次教育人口所占比重不断提高的方向转变，但是与发达国家和地区相比，总劳动人口中受高中和高等教育人口所占比重偏低，特别是受高等教育人口所占比重明显偏低的问题，仍表现得十分严重和突出。

二、分地区变动特征

从分地区的表现上来看，自实施市场化改革以来，我国三大区域内人力资本内部投入结构的变动趋势，与全国的整体变动趋势大体一致。其中，除西部地区总劳动人口中受高中教育人口所占的比重表现出略微下降的趋势以外，对于三大区域而言，总劳动人口中文盲人口、受小学教育人口所占的比重，均表现为逐年下降；东、中部地区总劳动人口中受初中、高中和大专及以上教育人口所占的比重，均表现为逐年上升；西部地区总劳动人口中受初中、大专及以上教育人口所占的比重均表现为逐年上升。与此同时，在该期间，受小学和初中教育人口在总劳动人口中占绝对比重的情况，在上述三大区域内均普遍并持续存在（见图 3~10，3~11 和 3~12）*。

然而值得注意的是，在市场化改革初期，除西部地区文盲人口占区域

---

* 根据相关统计年鉴所提供的 1997、1998、2006~2009 年我国各地区（以省和直辖市为单位）从业人员受教育程度及构成情况，以及根据上述年鉴所提供的 1999~2005 年各地区 6 岁及以上人口受教育程度及构成情况，分别计算出了东、中、西地区各年的人力资本内部投入结构。具体做法是：首先，以 1996~1998、2006~2009 年我国各省市总就业人口中各受教育阶段人口所占的比重，以 1999~2005 年各省市 6 岁及以上人口中各受教育阶段人口所占的比重，来分别代表 1996~2009 年各省市总就业人口中各受教育阶段人口所占的比重。在此基础上，再以各省市每一年各受教育阶段人口占总就业人口的比重，分别乘以其所对应的各省市各年的总就业人口，计算出各省市每一年总就业人口中各受教育阶段人口数量；其次，将各省市每一年总就业人口中各受教育阶段人口数量按照三大区域的划分进行加总，继而计算出东、中、西各区域每一年各受教育阶段的总就业人口数量，并将其分别除以三大区域各年的总就业人数，得到东、中、西地区 1996~2009 年总就业人口中各受教育阶段人口所占的比重。以此为基础，本书绘制了图 3~10，图 3~11 和图 3~12。

总劳动人口的比重要显著地高于东、中部地区，以及受初中教育人口占区域总劳动人口的比重要显著地低于东、中部地区外，其他受教育阶段人口占区域总劳动人口比重上的差距，在三大区域间并未表现得十分明显。从图3~10，3~11和3~12三者之间的比较上，我们可以清楚地看出这一点。但是，由于两方面现实因素的存在，使得随着市场经济体制改革的不断延伸、区域间经济社会发展差距的不断拉大，近年来区域间人力资本内部投入结构的变动幅度，并没有保持住较强的同步性，而且还表现为自东向西的逐渐缩小。其一是在近些年，东部地区整体教育事业的发展速度和规模，要明显地高于中、西部地区（特别是高于西部地区），这突出地体现在中高等教育和高等教育领域；其二是各地区的高中毕业生、高等院校毕业生，多倾向于向中、东部地区流动，且更多地倾向于向东部一些经济发达省市聚集。两方面的现实因素，使得三大区域人力资本内部投入结构的变动和当前状况出现了诸多的不同。这其中，文盲人口、受小学教育人口占区域总劳动人口的比重，表现为东、中、西逐步提高；受初中教育人口占区域总劳动人口的比重，表现为西、东、中逐步提高；受高中、大专及以上教育人口占区域总劳动人口的比重，表现为西、中、东逐步提高。这说明在当前，无论是受小学和初中教育人口在社会总劳动人口中占绝对比重的情况，还是受高中和高等教育人口在社会总劳动人口中所占比重明显偏低的现象，均在我国的中、西部地区，特别是在我国的广大西部地区表现得更为严重和突出。

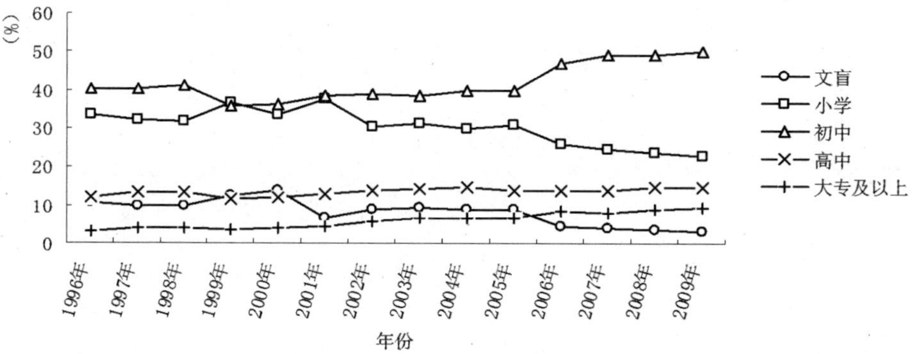

图 3~10　东部地区总就业人口中各受教育阶段人口所占比重变动状况

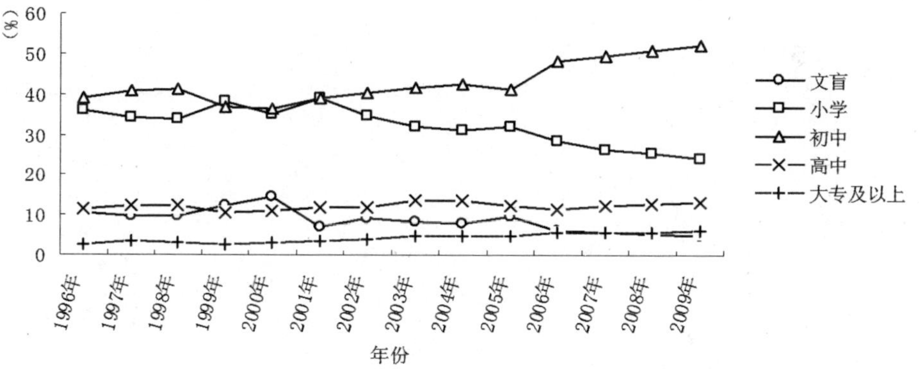

图 3~11　中部地区总就业人口中各受教育阶段人口所占比重变动状况

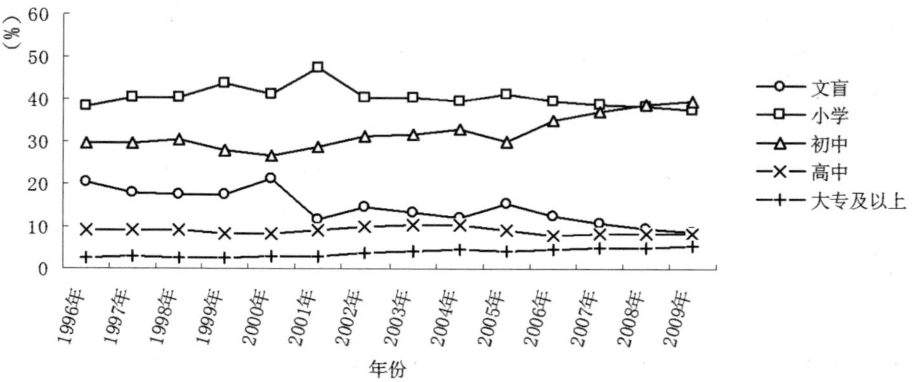

图 3~12　西部地区总就业人口中各受教育阶段人口所占比重变动状况

第四章

生产要素内部投入结构变动影响经济增长的测度模型

为了能够以理论和现实两方面的基础为指导，对生产要素内部投入结构变动对于我国经济增长的影响展开实证探索，并借此来增强实证研究的理论说服力和实证结果的可信度，在进行具体的实证分析之前，建立生产要素内部投入结构变动影响我国经济增长的测度方法，显得尤为必要。而在此之前，对已有的相关测度方法进行介绍和评价，则是一个不可缺少的环节。

第一节　代表性测度方法评介

从已有研究来看，关于要素再配置效应的度量方法，与测度生产要素内部投入结构变动对于经济增长影响所能够采用的方法最为接近，并且也曾为一些学者所采用过。而在这其中，被广泛接受和采用过的又具体包括以下三种：转移—份额法（Shift-Share Analysis）、索洛余值分解法和全要素生产率差额法。当然，这三种方法在模型的设计和分析视角的选择上存在着一定的不同，但是从根源上来讲，其都是以要素产出效率在产业或部门间存在差异为基础建立起来的。而且，尽管前两种方法重点分析的是产业间的要素再配置效应，后一种方法重点关注的是部门间的要素再配置效应，但是对于该三种方法而言，无论是分析国家、产业间的要素再配置效应，还是分析部门间的要素再配置效应，同样都是能够适用的。

一、转移—份额法

转移—份额法（Shift-Share Analysis）最早由 Fabricant（1942）[109] 分析劳动要素的部门间流动对于其自身生产率水平所形成的效应时提出，并经由 Massell（1961）基于新古典经济增长模型对其进行扩展后 [110]，建立起的一套考察产业间和产业内结构性变动背后所发生的资本和劳动两个生产要素的流动，对于各要素自身生产率水平如何产生影响以及产生何种影响的方法。它将要素（平均）生产率的增长解释为全部是由技术的变革所引起的。而经过这样的处理，也就可以把技术变革对于经济增长的影响完全归因于其是通过引起生产要素的产出和配置效率发生了变化，继而不仅增强了理论上的说服力，也大大降低了实证分析上的难度。进一步来说，关于技术变革对于要素生产率增长的影响，又可具体分解为产业间要素再配置所带来的贡献和产业内要素生产效率水平改进所带来的贡献两个部分。此外，产业间要素再配置所带来的贡献又可进一步细分为要素的静态转移效应和要素的动态转移效应两个部分。从实践上来看，由于该方法对于数据上的要求并不十分苛刻，并且求解起来也相对比较容易，因此国内学者在分析我国产业结构、部门结构变动对于要素生产率水平，以及对于经济增长所产生的影响时，多采用的是该种方法。

从模型的具体形式上来看，在下述的（1）式中，假设 g 表示某一时期内要素生产率水平的总体增长率，G 表示某种要素在三次产业内的总体生产率水平（要素包括资本和劳动两种），下标 0 表示初始时期，t 表示期末，i 表示（三次）产业，i=1，2，3，Si 表示产业 i 内某种要素的投入量占该要素在三次产业内投入总量的比重。则转移—份额法的模型形式可表述为：

$$g=\frac{G_t-G_0}{G_0}=\frac{\sum_{i=1}^{3}G_{i0}(S_{it}-S_{i0})}{G_0}+\frac{\sum_{i=1}^{3}(G_{it}-G_{i0})(S_{it}-S_{i0})}{G_0}+\frac{\sum_{i=1}^{3}(G_{it}-G_{i0})S_{i0}}{G_0} \tag{1}$$

其中，（1）式左边的两项表示要素生产率水平在 t 时期内的总体增长率。（自左边数第三项起）右边第一项表示要素的静态转移效应，它反映了在各产业内要素生产率水平保持不变的条件下，要素从低生产率水平产业向高生产率水平产业流动所引起的要素生产率增长；右边第二项表示要素的动态转移效应，它反映了在各产业内要素生产率水平发生改变的情况下，要素从低生产率水平产业向高生产率水平产业流动所引起的要素生产率增长；右边第三项表示产业内的增长效应，它反映了在产业结构不发生变动的情况下，各产业内要素生产率增长的加权平均值。Massell（1961）认为，经过这样的分解之后，（1）式右边的前两项之和，恰好就反映了产业结构变化对于要素生产率所形成的总增长效应，也即资本和劳动两个生产要素在产业间的流动对于其自身生产率水平和整体经济增长所形成的结构效应[110]。

然而需要注意的是，因为所采用的是新古典分析方法，因此在 Massell（1961）的整个分析过程中，技术水平的变化被设定为了满足希克斯中性[110]*，

---

* 新古典经济增长模型出现以后，关于各种不同性质的技术进步，经济增长理论界已

而且推动经济增长的生产要素被界定为只包括资本和劳动两种，总生产函数的性质也被假定为满足规模收益不变。应该说，这几个相对严格的假设前提虽较为有效地降低了理论分析上的难度，并且也方便了对于模型的构建，但同时也带来了一些问题。其主要体现在以下三个方面：第一，转移—份额法的计算结果并没有囊括结构变化对于生产率增长所产生的全部影响，因为这种方法不能反映规模收益递增的作用（吕铁，2002）[87]。这主要是在于，收益递增除了包括技术进步所带来的动态收益之外，还包括劳动分工和专业化水平不断深化所产生的静态收益。因此，如果由于这两种收益的存在，使得不同产业间在规模收益上存在一定的差异，并且资本和劳动要素出现了向高规模收益水平的产业转移，那么产业结构变化对于要素生产率所产生的实际影响，就会大于依据转移—份额法所得到的结论；第二，在只考虑资本和劳动两个生产要素的情况下，容易偏估产业间的结构效应和产业内的增长效应，因为劳动者自身人力资本水平上的变化，也会影响到劳动的产出效率，特别是当劳动者的人力资本水平提高时，往往会相应地促进其自身的生产率水平的提高。而且即便是退一步来讲，即应用该方法所提供的逻辑思路，从人力资本层次结构变动的角度入手，构建人力资本内部投入结构变动影响经济增长的转移—份额分析法，在逻辑上是能够行得通的。但其要以能够获取到各层次人力资本生产率水平方面的数据为前提，然而，现实中的相关统计资料在这方面并不能够提供切实的帮助；第三，尽管转移—份额法将要素生产率的增长解释为要素的静态转移效应、要素的动态转移效应和产业内的增长效应三个方面所促成，并且

经形成了共同的术语。这其中主要包括三种：（1）Y=F(K，AL)，称为具有哈罗德中性技术进步的生产函数或具有劳动节约型技术进步的生产函数，表明技术进步只会对劳动的生产效率产生影响；（2）Y=AF(K，L)，称为具有希克斯中性技术进步的生产函数，表明技术进步不会对资本和劳动的产出效率产生影响；（3）Y=F (A K，L)，称为具有索洛中性技术进步的生产函数或具有资本节约型技术进步的生产函数，表明技术进步只会对资本的产出效率产生影响。在现实中，为分析上的方便，多将技术进步设定为满足希克斯中性。

Massell（1961）还认为，只有产业内的生产率增长才是真正意义上的技术变革所推动的[110]，但是按照转移—份额法的分析思路，所谓真正意义上的技术变革所带来的增长效应，应很大程度上是由生产要素在产业内各部门间的流动而促成的。而且从现实来看，在产业结构不断发生变化的过程中，本身就包含着产业内各部门间的结构性变动。因此对于某一产业而言，其内部生产率水平的变化，自然也就包含了要素在产业内各部门间流动所带来的影响。在这种情况下，再将要素生产率水平的变化解释为产业间和产业内要素流动所形成的综合影响，就会产生重复计算产业内增长效应的嫌疑。

当然，正如前文所述，资本和劳动两个生产要素在内部投入结构上的变动，除了与三次产业内原有资本和劳动存量在产业间的重新配置有关外，还与社会新创造（和引进）的资本和劳动要素被更多地投向某些产业之有关。所以对于转移—份额法而言，虽是为了测度资本和劳动两个生产要素在产业间的再配置，以及这种再配置对于要素自身产出效率所形成的影响而建立起来的，实际上测度的却是资本和劳动两个生产要素内部投入结构上的变动，以及这种变动对于要素自身产出效率所形成的影响。但是应该说，上述三方面问题的存在，终究还是决定了其并不能够作为测度生产要素内部投入结构变动对于经济增长影响的最佳方法。

二、索洛余值分解法

（一）索洛余值法

该方法最早由美国经济学家罗伯特·索洛（Robert M. Solow，1957）所建立。经过一系列地严格推导，索洛证明了，在仅存在资本和劳动两种生产要素投入，以及在技术进步满足希克斯中性的基本前提下，技术进步引致总产出水平的变动率可表示为产出增长率中扣除资本和劳动两者贡献后的余额[111]。

具体来说，假设 Q 代表经济的总产出水平，K 和 L 分别代表资本和劳动两个生产要素的投入量，那么加总的生产函数就可表述为如下形式：

$$Q = F(K, L; t) \tag{2}$$

需要指出的是，在上式中，加入时间趋势t的目的是为了能够允许技术水平发生变化。而如果技术进步满足希克斯中性，即其不仅独立地影响总产出，而且也不会改变工资和利润两者在国民收入中所占的相对份额，那么（2）式中的模型就可进一步地表述为：

$$Q = A(t) f(K, T) \tag{3}$$

式中的A（t）代表具有希克斯中性的技术进步。此外，对（3）式左右两边分别关于时间t进行求导，并分别除以总产出水平Q以后，就可以得到：

$$\frac{\dot{Q}}{Q} = \frac{\dot{A}}{A} + \omega_K \frac{\dot{K}}{K} + \omega_L \frac{\dot{L}}{L} \tag{4}$$

其中，$\dot{Q}$、$\dot{A}$、$\dot{K}$、$\dot{L}$分别代表总产出水平、技术进步水平、资本投入、劳动投入关于时间t的导数（其各自的绝对变动量）。$\frac{\dot{Q}}{Q}$、$\frac{\dot{A}}{A}$、$\frac{\dot{K}}{K}$、$\frac{\dot{L}}{L}$分别代表总产出水平、技术进步水平、资本投入以及劳动投入的增长率（其各自的相对变动量）。$\omega_K = \frac{\partial Q}{\partial K}\frac{K}{Q}$，$\omega_L = \frac{\partial Q}{\partial L}\frac{L}{Q}$，两者分别代表资本和劳动的产出份额（边际产出弹性）。

此外，等式右边的第二项是资本产出份额与资本增长率的乘积，代表总产出增长率中的资本贡献；右边第三项是劳动产出份额与劳动增长率的乘积，代表总产出增长率中的劳动贡献。可以发现，索洛至此就证明了技术进步引致总产出水平的变动率等于产出增长率中扣除资本和劳动两者贡献后的余额这一论断。与此同时，上述这一套关于技术进步对于经济增长贡献的度量方法，为后来的学者称之为索洛余值法。索洛所推导出的这一广义技术（进步）贡献，也被称之为索洛余值，也即我们通常所说的全要素生产率。

应该说，索洛余值法避开了对生产函数具体形式的讨论，而更多关注的是函数的相关性质，这使得该方法具有了非常广泛的适用性。但是应该注意到的是，对于索洛余值法而言，在模型的设计上也存在着明显的缺陷和不足。其具体表现为，技术进步对于产出增长的贡献只被界定为产出增长中扣除资本和劳动两个生产要素贡献份额之后的“余值”，因此可以说，该“余值”实际涵盖了任何可能导致生产函数发生变动的因素。然而在现实中，并非资本和劳动两种要素之外的任何导致总产出增长的因素都可归结为技术进步。这也就意味着，由于索洛余值里面所包含的因素过于广泛，所以也就不能够准确地反映出技术进步给经济增长所带来的真正贡献，特别是对于中国这样一个处于转型经济时期的发展中国家来说，由于现实中影响经济增长的因素本身有很多，故而问题更是如此。

（二）索洛余值分解法

鉴于索洛余值中所包含的内容过于广泛，因此对其进行进一步的细化和分解，进而使索洛余值更加趋近于现实中技术进步对于经济增长的影响，也就显得十分必要。索洛余值分解法（或称作全要素生产率分解法）正是基于此种背景而得以产生。具体而言，该方法就是在索洛所展开的传统分析之基础上，将一系列非技术因素对于经济增长的影响从索洛余值中分解出来。

首先，在考虑除资本和劳动两个生产要素以外的其他非技术因素的情况下，将索洛的加总生产函数设定为如下扩展形式：

$$Q = F(K, L, X_t; t) \tag{5}$$

其中，Q 代表经济的总产出水平，K 和 L 分别代表资本和劳动两个生产要素的投入量，X_t=（x_{1t}，x_{2t}，. . . , x_{Nt}），代表其他一些影响经济增长的非技术因素。

其次，通过做出技术进步满足希克斯中性的假定，按照索洛余值法所给出的推理逻辑，可经过逐步地推导，从（5）式中得到：

$$\frac{\dot{Q}}{Q}=\frac{\dot{A}}{A}+\omega_K\frac{\dot{K}}{K}+\omega_L\frac{\dot{L}}{L}+\omega_{x_{1t}}\frac{\dot{x}_{1t}}{x_{1t}}+\ldots+\omega_{x_{Nt}}\frac{\dot{x}_{Nt}}{x_{Nt}} \tag{6}$$

在该式中，$\omega_{x_{it}}=\frac{\partial Q}{\partial x_{it}}\frac{x_{it}}{Q}$（$i$=1，…，$N$），分别代表非技术因素$x_{it}$的产出份额，$\dot{x}_{it}$代表$x_{it}$关于时间 t 的导数，$\frac{\dot{x}_{it}}{x_{it}}$代表$x_{it}$的投入增长率。除此之外，其他各项的含义均与其在（4）中所代表的基本含义相同。

但是需要注意的是，这里面的技术进步 A 与其在索洛模型中所包含的内容并不相同，因为经过相对于（4）式的进一步分解以后，很多影响经济增长的非技术因素已经从索洛余值中被分离了出来，继而使得索洛模型中的广义技术进步在范围上得到了缩小，当然也更加地贴近了现实中的狭义技术进步。而且更为重要的是，经过进一步的分解以后，对各种非技术因素及其变动对于经济增长的影响展开实证考察，也在事实上成为了可能。我们知道，在索洛早期所开展的分析中，总产出函数被赋予了 C–D（柯布–道格拉斯）生产函数所具有的基本性质。这也同样适用于基于索洛余值分解法所得到的总产出函数。因此，在实证分析中，就可具体以所建立的扩展型 C–D 生产函数为基础，来考察一系列非技术因素及其变动分别对于经济增长所产生的影响。如 Chenry（1986）[7] 在对多国之间的经济增长问题进行比较时，最早使用的就是该方法，并以该方法为基础，将产业间的要素流动等一些影响经济增长的非均衡因素引入到了新古典增长模型之中*。而且自本世纪以来，这种方法逐渐被应用得愈加广泛。从我国国内来看，邱晓华等人（2006）曾考虑过人力资本要素、结构性因素和制度因素的投入及变动对于我国经济增长的影响，并基于索洛余值分解法，将经济增长模型具体设定为如下形式：

$$Y=F(K,L,ST,HC,ZD)=K^{\alpha}L^{\beta}ST^{\eta}HC^{\varepsilon}ZD^{\theta} \tag{7}$$

在上式中，Y、K、L 、ST、HC、ZD 分别代表总产出水平、资本投入量、劳动投入量、结构性变动（在该模型中，以第一产业增加值占三次产业总

*在 Chenry（1986）[7] 看来，这种非均衡的增长现象不仅在发展中国家大量存在，而且其在发展中国家还具有着长期性的特征。

增加值比重来代表）、人力资本投入量和制度创新水平，α、β、η、ξ、θ 则分别代表资本、劳动、结构性变动、人力资本和制度创新的边际产出弹性[21]。经过两边对数化处理后，就可结合现实中反映各变量的相关数据来对该模型展开具体的回归分析，从而得到各变量的边际产出弹性估计值。

需要指出的是，以这种形式来对索洛模型中的广义技术进步进行拆分，还存在着一定的不合理性。正如上面的推导过程中所呈现的那样，经过对索洛余值进行分解以后，很多非技术因素被以资本和劳动影响经济增长的同等方式加入了新古典增长模型之中。而这也就意味着，对于这些因素而言，也可看作是除资本和劳动以外影响经济增长的其他生产要素，因为（7）式中模型的具体形式表明，这些因素及其自身上的变动，也会直接地对经济的总产出产生影响，而且其作用于总产出的机制也与资本和劳动两个生产要素完全相同。然而应该说，尽管将人力资本以资本和劳动相等同的形式加入到新古典增长模型之中是切实可行的*，但是在传递机制上来看，对于制度变迁、结构变动等其他一些因素来说，其先是通过作用于资本、劳动和人力资本三个生产要素，才对经济增长产生影响的。而且根据制度的基本功能和要素再配置效应理论的基本内涵，可以进一步地确定，这些因素及其自身上的变动之所以会影响经济增长，往往更多地在于其会在很大程度上改变生产要素的产出效率水平**。也正如黄少安和韦倩（2010）[112]在考察制度如何影响经济增长时所指出的那样："我们认可制度对经济增长的巨大促进作用，但是，如果将制度因素作为显性变量或解释变量出现在生

* 就微观的角度而言，这正好反映了资本、劳动和人力资本三者之间的非完全替代性。

** 当然，对于制度、基础设施条件、产业结构等诸多因素以及其自身上的变动，是通过影响生产要素的投入和生产要素的产出效率两个方面来作用于经济增长的。但是由于现实中各生产要素的投入数量能够被直接观测到，因此为简化实证分析，可将其作为给定的外生变量。相比之下，前述这些因素及其变动对于生产要素产出效率所具有和形成的实际影响，则是我们在实证研究中所需要重点进行估算的。然而需要注意的是，这并不与"制度更是第一生产力"这一科学命题相违背，因为尽管制度是通过作用于生产要素才对经济增长产生影响的，但是这种影响之所以能够形成，恰恰又在于其会在很大程度上影响生产要素的产出效率。

产函数中，可能会遇到一个问题——因为我们常常发现，制度是通过影响其他要素间接影响经济增长的，比如物质或人力资本的投入，技术水平的提高，对人类行为的激励等 *。”这也就是说，在实际的经济运行当中，不管制度设计得再怎样好，整体的经济结构搭建得再怎么合理，如果没有生产要素的投入在其中作为核心的纽带和前提，那么这些因素都只会变为空中的楼阁，并不能够对经济增长产生任何实质性的影响。这类似于、也反映了我们日常所说的“巧妇难为无米之炊”的道理。

反观（7）式中模型的具体形式，首先，如果我们对该模型进行拆分，继而将资本（K）、劳动（L）和人力资本（HC）三个生产要素引致的经济产出从该模型的左右两边移出，那么我们能够发现，拆分后的模型昭示了，所剩下的结构变动（ST）和制度创新水平（ZD）两个变量，也会独立地对经济总产出产生影响，违背了“巧妇难为无米之炊”这一道理；其次，如果假设某一时期内各生产要素的投入为非 0 的正数，但该时期内并没有发生结构性变动和制度创新（也就是衡量结构变动和制度创新的指标在数量的表现上为 0），那么依据（7）式中的生产函数增长模型可知，该一时期内的经济总产出将等于 0，明显有悖于现实中所发生的经济增长事实 **。

更进一步而言，对于索洛模型来讲，其最初将生产要素界定为只包括资本和劳动两种，根本的原因可能也在于此。因为对于索洛本人而言，不可能没有发现和注意到制度和结构等因素对于经济增长的重要作用。而且从时间脉络上来看，人力资本这一重要的生产要素被发现和提出，也是继索洛之后的事情。因此我们可以推断，将生产要素仅界定为资本和劳动两种，将其他影响经济增长的因素全部归结为广义上的技术进步，是索洛当

---

* 黄少安，韦倩.《合作与经济增长》[J].《经济研究》,2011,(8):54.

** 当然，如果把生产要素内部投入结构因素以索洛余值的形式加入到模型(7)之中，同样会产生类似的问题，因为我们知道，在只存在传统农业耕作活动的远古时期，即便二、三产业内资本和劳动投入（及其占整个社会资本和劳动总投入的比重）均为 0，以及即便是当时所有劳动力自身的人力资本水平都很低，以至于我们可将受过教育人口占总劳动人口的比重看作为 0，当时的社会总产出水平也并非等于 0，而是实实在在存在的。

时有意而为之，而并非没有意识到或不经意间忽略掉了。

三、全要素生产率差额法

该方法最早由 Syrquin（1986）提出，在他看来，总产出水平和要素生产率水平的增长可以在三组相互作用的供给要素的变化之中得到说明：（1）要素投入上的变化，即资本的积累和就业的扩大；（2）部门内要素利用效率的提高，即部门内全要素生产率的增长；（3）要素资源在各部门之间的再配置[9]。而这也就意味着，对于要素再配置效应而言，在数值上也就等于经济总体全要素生产率增长率中扣除各部门全要素生产率增长率加权平均值后的余额。

具体而言，对于各经济部门总产出的增长来说，如果用一个规模收益不变和具有希克斯中性技术进步的 C-D 生产函数来进行刻画的话，就可将其表述为如下形式*：

$$G_{Yi}=v_i G_{Ki}+(1-v_i)G_{Li}+\lambda_i \tag{8}$$

在该式中，i 代表现实中的各经济部门，G_{Yi}、G_{Ki}、G_{Li}、λ_i 分别代表部门 i 内的总产出水平 Y_i、资本 K_i、劳动 L_i 和全要素生产率的增长率。而 V_i 则代表资本的产出份额。

能够发现，在（8）式的基础上，我们可将经济的总产出增长重新描述为下面的形式：

$$G_Y=\sum\rho_i G_{Yi}=\sum\rho_i v_i G_{Ki}+\sum\rho_i(1-v_i)G_{Li}+\sum\rho_i\lambda_i \tag{9}$$

其中，$Y=\sum Y_i$，代表经济各部门的总产出水平，$\rho_i=Y_i/\sum Y_i=Y_i/Y$，代表部门 i 的产出在经济总产出中所占的比重。

另一方面，根据（8）式，总产出增长函数还可表述为如下形式：

* 如果放开规模收益上的假设来展开讨论的话，那么这里和下面的分析逻辑以及其间所得到的基本结论也是同样适用的。

$$G_Y = \nu G_K + (1-\nu) G_L + \lambda \tag{10}$$

其中$K=\sum K_i$，$L=\sum L_i$，$\nu=\sum \rho_i \nu_i$，λ则代表经济总体全要素生产率的增长率。

Syrquin（1986）认为，经济总体全要素生产率的增长，来自于两方面的贡献：一是各经济部门内全要素生产率的增长；二是要素流动所带来的要素配置效率的改善[9]。所以，如果将要素再配置效应定义为TRE，那么依据（9）式和（10）式就可得到：

$$TRE = \lambda - \sum \rho_i \lambda_i = \sum \rho_i \nu_i (G_{K\,i} - G_K) + \sum \rho_i (1-\nu_i)(G_{L\,i} - G_L) \tag{11}$$

根据上式可知，对于要素再配置效应而言，其具体由两个部分组成：资本再配置效应和劳动再配置效应。与此同时，如果我们将 $\nu_i = \dfrac{MPK_i \times K_i}{Y_i}$ 代入上式，那么就可进一步得到：

$$TRE = \frac{1}{Y}[\sum \dot{K}_i (MPK_i - MPK) + \sum \dot{L}_i (MPL_i - MPL)] \tag{12}$$

在上式中，MPK_i 和 MPL_i 两者各自代表部门 i 内资本和劳动的边际产出弹性，$\dot{K}_i$ 和 $\dot{L}_i$ 分别代表部门 i 内资本和劳动要素的绝对变动量。从该式中各项的具体含义上来看，其无疑说明了，当某一部门内要素的边际产出弹性大于其在经济总体中的边际产出弹性时，生产要素向该部门的流动，就会提高其自身的整体配置效率，并促进整体经济效率的改善和经济总产出的增长。在实践方面，Timmer和Szirmai（2000）[14]、曾先锋和李国平（2011）[91]都曾采用过该方法。而且与索洛余值法相类似，自进入本世纪以后，该方法也逐渐被采用得愈加广泛。

我们知道，对于生产要素内部投入结构上的变动而言，很大程度上是由生产要素在产业或部门间的再配置所引起和促成的，因此从这一角度来讲，如果以要素再配置效应来近视地代表生产要素内部投入结构变动对于经济增长的影响，那么在某种意义上来说也是可以接受的。然而我们又不难发现，对于这一方法而言，尽管在求解的过程中始终坚持以索洛所建立的两要素经济增长模型为基础，但是在求解逻辑思路上，却是以要素再配置效应影响代表广义技术进步的全要素生产率为导向。因此可以说，其与索洛余值分解法并不存在本质上的差别。而这也就意味着，以该种方法来衡量要素内部投入结构变动对于要素的产出效率以及经济增长的影响，也是不尽合理的。

第二节　变产出弹性生产函数的修正和论证

一、变产出弹性生产函数的提出

该函数最早由刘伟和李绍荣（2002）提出，他们认为，技术、资本和劳动是在一定的产业结构中被组织一起进行生产的，对于给定的技术、资本和劳动，不同的产业结构会导致不同的生产[2]。这里所蕴含的基本逻辑是，生产要素必须要借助于市场的自发调节和政府的行政手段，才能够被配置到一定的产业组织结构当中，继而发挥其生产的作用和功能。与此同时，在现实中，不同的产业组织结构，往往又会影响到生产要素的配置和产出效率，因此，当经济体中的产业结构发生变动时，就很可能会改变各要素自身的产出效率水平。而对于生产要素的产出效率水平，又可以以其自身边际产出弹性的大小来进行衡量。基于这样一种思路，在考察和分析产业结构变动为何会影响我国经济增长，以及产业结构变动对于我国经济增长究竟产生了何种影响时，他们对传统的新古典增长模型进行了相应扩展，继而构建了具有变产出弹性特征的生产函数模型。其具体做法为：令 Y 代表经济的总产出水平，A 代表技术进步水平，$x_i= X_i / Y$（$i = 1, 2, \cdots, k$），表示各产业内的产出占经济总产出的比重,并进一步应用这个指标代表第 i 个产业在整个产业结构中的大小。那么，由 C- D 生产函数可知，把产业结构视为影响要素产出效率的制度性因素的生产函数为：

$$Y = AK^{a_1x_1 + a_2x_2 + \ldots + a_kx_k} L^{\beta_1x_1 + \beta_2x_2 + \ldots + \beta_kx_k} e^{\gamma_1x_1 + \gamma_2x_2 + \ldots + \gamma_kx_k} \quad (13)$$ [2]*

尽管该函数将产业结构视为影响要素产出效率的制度性因素，尚存在一定的不合理性。但是与先前研究所不同的是，其更加准确地描述了诸如产业结构等一些结构性因素的变动影响经济增长的内在逻辑。当然，从具体的设计上来看，该函数还存在以下三方面的不足：一是该函数虽主要考虑的是产业结构这一结构性变量，但没有进一步地展开深层次的探索，因而也就没有能够将产业结构变动影响经济增长的传递机制解释透彻。因为正如本书在前面所提到的那样，在产业结构发生变动的背后，暗含的是资本和劳动两个生产要素内部投入结构上的变动。而根据要素再配置效应理论又可以进一步推知，产业结构变动之所以会影响经济增长，主要就在于其背后所发生的资本和劳动两个生产要素内部投入结构的变动，会对该两种要素自身的产出效率水平产生影响；二是该函数没有考虑人力资本这一要素，更没有进一步地考虑人力资本结构因素。而按照人力资本理论和人力资本结构理论，作为资本和劳动以外又一项重要的生产要素，人力资本的整体投入水平，以及其内部投入结构上的变动，都很可能会对经济的总产出产生影响；第三，在考虑产业结构变动影响资本和劳动产出效率水平

---

* 这里的 A 没有包括时间趋势 t，是表示将技术水平设定为保持固定不变，且具有规模收益不变的性质。即在数量表现上来看，A 代表着一个常数，在理论表现上来看，A 自身所发生的某一单位的相对变化，会引致总产出水平 Y 发生同等单位的相对变化。需要说明的是，这样的设定有两点主要原因：一是就技术本身而言，其具体包括哪些因素很难进行界定，因此关于技术进步水平，无法在数量上进行准确的反应。虽然索洛曾将技术进步水平设定为 $A(t)=e^{rt}$ 或 $A(t)=(1+\gamma)^t$ 两种具体形式，但是其是建立在总产出水平的增长率保持固定不变的前提假设下。然而在现实中，经济的总产出水平往往并非保持着固定的增长率；二是对于技术的这种设定，主要是为了实证分析上的方便，因为在希克斯中性的假设下，技术水平对于经济增长的影响在数量上也就等于基于回归分析所得到的常数项。当然，这种设定是有待商榷的，因为从现实来看，对于世界上任何一个国家而言，其国内的技术水平都是在不断发生变化的。

的同时，该函数又借助于索洛余值分解法将产业结构分解成为直接影响经济增长的一项要素*，而从索洛余值分析法的分析中我们知道，这是缺乏理论和事实根据的，而且从某种意义上来讲，还仅仅是起到了画蛇添足的作用。

然而值得我们充分给予肯定的一点是，诚然存在着上述一系列的缺陷和不足，但是该模型的提出和建立，无疑为后来的相关研究提供了一个全新的视角和思路，并且也在某种程度上推动了新古典经济增长理论的进一步向前发展。而这其中所略显遗憾的是，尽管刘伟和李绍荣在 2002 年就提出并建立了该模型，但是截止到目前为止，其重要的理论和现实意义也尚未能够赢得国内外学者的高度重视。只有郑若谷、干春晖等（2010）曾借鉴过该模型，考察了产业结构变动和制度变迁对于我国经济增长的影响[113]**。

二、函数的修正及其合理性论证

（一）函数的修正

正如上面所提到，在发生作用的机制上来看，产业结构变动之所以会影响经济增长，主要就得益于其背后发生的生产要素内部投入结构的变动，

* 因为将（13）式两边进行对数化处理后，其就会变为如下的线性形式：

$$\log Y=(a_1x_1+a_2x_2+\ldots+a_kx_k)\log K+(\beta_1x_1+\beta_2x_2+\ldots+\beta_kx_k)\log L+\gamma_1x_1+\gamma_2x_2+\ldots+\gamma_kx_k$$

可以发现，该式中的 $\gamma_1x_1+\gamma_2x_2+\ldots+\gamma_kx_k$，就是基于索洛余值分解法而从广义技术进步中所拆分出来的结构性因素。虽然从其在模型中的具体表现形式上来看，其与总产出水平之间表现为线性对数的关系，但是不管怎么说，这些结构性因素还是与取对数后的总产出水平之间具有着线性关系。因此该模型无疑昭示了，对于这些因素及其自身的变动而言，除了会通过作用于生产要素而影响总产出之外，也会像生产要素一样直接地对总产出产生影响。这也就是说，（13）式中关于生产函数形式的设定，在实现将这些因素及其自身的变动影响经济增长的传递机制解释为是通过引起生产要素产出效率水平发生变动的同时，也使得这些因素成为了能够直接影响经济增长的“生产要素”。

** 在郑若谷等（2010）[114] 所构建的模型中，除了产业结构是以三次产业产值占社会总产值的比重和三次产业就业人口占社会总就业人口的比重进行综合衡量之外，关于产业结构和制度因素变动对于经济增长所具有和形成的实际影响，在理论上的设计与刘伟和李绍荣（2002）[2] 的思路基本一致。

而生产要素内部投入结构变动之所以会影响经济增长，又主要是因为在现实中，不同产业之间往往具有着不同的产出效率水平，亦即“结构红利”是普遍存在的。与此同时，人力资本结构理论的出现以及其理论体系的趋近成熟，也使得我们开始逐渐认识到，当一个国家（或地区）的整体教育（层次）结构发生调整和变动，继而引致劳动人口的人力资本结构发生改变以后，也很可能会对人力资本自身的产出效率水平，以至对整体的宏观经济增长产生实质性影响。因此，以资本、劳动、人力资本三个生产要素内部投入结构的变动会影响各要素自身的产出效率水平为基础，以解决前述（13）式中生产函数模型所存在的三方面主要不足为导向，本书对刘伟和李绍荣（2002）[2] 所建立的生产函数模型进行了修正，继而构建如下的变产出弹性生产函数模型：

$$Y=A(t)K^{a_1k_1+a_2k_2+\ldots+a_mk_m}L^{\beta_1l_1+\beta_2l_2+\ldots+\beta_ml_m}H^{\gamma_1h_1+\gamma_2h_2+\ldots+\gamma_nh_n} \tag{14}$$

这里所需要再次明确的是，在上式中，Y 代表经济的总产出水平，A 代表技术进步水平（当然，在这里同样被设定为了满足希克斯中性），K 代表资本要素的投入量，L 代表劳动要素的投入量，H 代表人力资本要素的投入量；k_1，k_2，…，k_m 分别代表各产业内资本投入占社会总资本投入的比重，l_1，l_2，…，l_m 分别代表各产业内劳动投入占社会总劳动投入的比重，h_1，h_2，…，h_n 分别代表按照教育阶段来进行划分，各教育阶段劳动人口占社会总劳动人口的比重。此外，a_1，a_2，…，a_m 分别代表各产业内资本投入占社会总资本投入比重的单位变动，引致资本总边际产出弹性变化的大小，$\beta 1$，$\beta 2$，…，βm 分别代表各产业内劳动投入占社会总劳动投入比重的单位变动，引致劳动总边际产出弹性变化的大小，$\gamma 1$，$\gamma 2$，…，γn 分别代表各教育阶段劳动人口占社会总劳动人口比重的单位变动，引致人力资本总边际产出弹性变化的大小。

（二）关于函数合理性的论证

理论上来讲，生产要素内部投入结构上的变动会对经济增长产生影响，可以以两种极端情形来给予直观体现：一是在技术进步的速度，以及资本、劳动和人力资本三个生产要素的投入增速保持不变的条件下，各生产要素内部投入结构的变动引起了总产出增长速度的变化；二是在技术水平，以及资本、劳动和人力资本三个生产要素各自的投入量均保持不变的条件下，各生产要素内部投入结构的变动，引起了总产出水平的变化。这也就意味着，只要我们能够证明上述（14）式中所设定的模型能够很好地对该这两种情形作出直观解释，那么在某种程度上而言，该模型的设定就是相对合理的。

首先来考虑第一种情形。在这一证明过程中，本书借助了索洛余值法的推导思路和逻辑。如转移——份额法中所描述的那样，在只存在资本和劳动两个生产要素的基本假设下，索洛给出了加总生产函数的一般性形式。借鉴于该函数的形式，当存在资本、劳动和人力资本三个生产要素的情况下，对于总产出函数而言，可具体设定为如下的扩展形式：

$$Q = F(K, L, H; t) \tag{15}$$

该式中的变量 Q，K，L 和 t，与其各自在索洛模型中所代表的基本含义相同，H 代表人力资本要素的投入数量。

我们同样进一步地做出技术进步满足希克斯中性的假设，那么与（2）式向（3）式的变换思路相一致，对于（15）式而言，在该一假设下也可进一步地表述为：

$$Q = A(t)F(K, L, H) \tag{16}$$

更进一步地来说，对（16）式而言，将其左右两边分别对于时间 t 求导，并对求导后所得到的模型中各项分别除以总产出水平 Q 之后，就会得到如下的等式关系：

$$\frac{\dot{Q}}{Q} = \frac{\dot{A}}{A} + \omega_K \frac{\dot{K}}{K} + \omega_L \frac{\dot{L}}{L} + \omega_H \frac{\dot{H}}{H} \tag{17}$$

在该式中，$\omega_H = \frac{\partial Q}{\partial H}\frac{H}{Q}$，代表人力资本的产出份额，也即人力资本的边

际产出弹性，$\frac{\dot{H}}{H}$代表人力资本投入的增长率。除此之外，该式中其他各项所代表的含义均与其在公式（4）中所代表的基本含义相同。

在此基础上，引入技术进步速度、资本、劳动以及人力资本投入增速均保持固定不变这一前提假设，结合第一种情形中所作出的结论性假设可知，在此情况下，当资本、劳动以及人力资本三个生产要素的内部投入结构发生变动之后，也会影响经济的总产出水平，并且会改变总产出水平的增长速度。从（17）式来看，这种也就意味着，在 $\frac{\dot{A}}{A}$、$\frac{\dot{K}}{K}$、$\frac{\dot{L}}{L}$、$\frac{\dot{H}}{H}$都没有发生改变的情况下，由于生产要素内部投入结构上的变动，同样造成了总产出增长率$\frac{\dot{Q}}{Q}$的变化。与此同时，依据（17）式及其各项的具体形式可以发现，此时总产出增长率变化能够出现的最为合理和可能的解释，就是在此期间，由于生产要素内部投入结构上的变动，使得三个要素自身的边际产出弹性 ω_K、ω_L 和 ω_H 发生了改变。而从本书在（14）式中所设定的模型及其具体形式来看，无疑能够很好地说明这一点。

其次来考虑第二种情形。在这一证明过程中，本书采用先验性地设定出总产出函数的具体形式，然后再进行逐步推导和证明的逆向逻辑。我们知道，C–D 生产函数因满足索洛为总产出函数所规定的各类相关性质，因此不仅为索洛本人所采用，同时也被后来的国内外很多学者所采纳。而按照索洛余值法中所给出的推导思路，当技术水平保持固定时，我们就可将加总的生产函数具体设定为如下的简化 C–D 形式：

$$Y = AK^{\alpha} L^{\beta} H^{\gamma} \tag{18}$$

在此基础上，引入资本 K、劳动 L 和人力资本 H 三个要素的投入量均保持固定不变的前提假设，结合第二种情形中所作出的结论性假设可知，在这种情况下，当三个生产要素的内部投入结构发生变动时，也会引起总产出水平的变化。我们暂且将这种变化描述为总产出水平 Y 从 Y_1 变为了 Y_2。而从（18）式中生产函数的具体形式上来看，当 K、L 和 H 都保持固定不变时，对于总产出水平 Y 的变化，唯一的解释只能是各生产要素的边际产出弹性发生了改变。

即 Y 的变化，只能表现为其是从

$$Y_1 = AK^{\alpha_1}L^{\beta_1}H^{\gamma_1} \tag{19}$$

变为了：

$$Y_2 = AK^{\alpha_2}L^{\beta_2}H^{\gamma_2} \tag{20}$$

可以发现，在上述（18）式中所设定的函数形式下，除了生产要素边际产出弹性的变动之外，不存在任何可能导致总产出水平发生变化的其他途径和方式。这也就是说，在技术水平 A，以及资本 K、劳动 L 和人力资本 H 三个要素的投入量全部保持固定不变的情况下，生产要素内部投入结构上的变动，也应是通过引致各要素边际产出弹性的改变，来作用于经济的总产出，继而影响经济增长的。而从本书所设定的变产出弹性生产函数模型来看，也能够较为合理地说明这一点*。

* 从相关的实践探索上来看，黄少安等人（2005）曾对 1949~1978 年我国大陆地区土地产权制度变迁对农业经济增长的影响进行了实证研究，并得到在 1949~1952、1953~1958、1959~1962、1963~1978 年的四个历史时期，我国的农业产出效率并不相同这一结果。以这一实证结果为基础，该研究还得到了另外两个较为重要的结论：一是在不同的土地产权制度安排下，所激励的生产要素投入量是不同的，从而农业的总产出也有较大不同；二是在不同的土地产权制度下，尽管投入等量的生产要素和政策要素，农业的产出也会有所不同。与此同时，从他们的回归结果上来看，上述第二个结论中所出现的农业产出的不同，又主要表现为在不同的历史阶段内，各投入要素自身的边际产出弹性发生了改变。这也就是说，虽然这一结论是通过以土地产权制度上的重大变革和调整为切入点，对农业要素投入与农业经济增长之间的关系进行了分阶段的回归后而得到的，但是这里面无疑蕴含了这样一个逻辑：即土地产权制度的变化，会引起农业要素产出效率的变动，而这一变动又主要体现在各要素的边际投入与边际产出之间的关系上，也即体现在各投入要素的边际产出弹性上。美中不足的是，该文将农业生产效率的提高全部解释为是由制度变革所推动的，因而忽略了农业要素内部投入结构等其他因素的变动，对于要素产出效率所具有和形成的实际影响。参见：黄少安，孙胜民，宫明波.《中国土地产权制度对农业经济增长的影响——对 1949—1978 年中国大陆农业生产效率的实证分析》[J].《中国社会科学》，2006,(3):38-47.

三、狭义技术进步的度量

如前所述，对于将技术水平设定为固定不变和以时间趋势来反映技术进步水平这两种方式而言，都是不尽合理的。因为前者是以技术进步对于经济增长的影响保持固定不变且具有规模收益不变的性质为基础，后者是以总产出水平的增长率保持固定不变为基础。而这两个基础很可能都与现实中的情况相左。因此为更加准确地反映出技术进步对于经济增长的实际影响，还有必要对技术进步影响经济增长的具体形式进一步地展开探究。我们知道，依照索洛余值分解法，我们能够从索洛余值中分解出除生产要素以外的一系列影响经济增长的非技术因素，那么通过逆向的思维，从索洛余值中分解出狭义上的技术进步，在实践上也是行得通的。这主要是在于，尽管狭义的技术进步很难在现实中给予准确地衡量和反映，而且对于这种索洛余值分解法所采用的分解方式而言，本身也是不合理的，但是有两方面的现实因素，还是使得将狭义的技术进步从索洛余值中拆分出来成为了可能。首先，对于实施市场经济制度的国家而言，当技术被引进或被成功地开发出来之后，只有再经过进一步地市场交易而逐步得到推广，才能够广泛地应用于生产活动之中，继而发挥出其现实的生产力；其次，与其他影响经济增长的非技术因素不同，自索洛开始，将技术进步设定为具有希克斯中性的性质就广为被接受，并且为众多的学者所采纳。而在满足希克斯中性的条件下，这一狭义技术进步影响经济增长的机制就可描述为独立并等同于生产要素的形式。也就是说，这两方面现实因素的存在，就可使我们将技术进步对于经济增长的影响具体设定为如下形式：

$$Q=A^{\omega}F(K,L,H) \tag{21}$$

其中，A 代表技术在市场中被交易和推广的程度，也即代表现实中相对狭义上的技术进步。除此之外，上式中其他变量的含义均与其在（15）式中所代表的基本含义相同。可以发现，通过对技术进步施以这样的设定后，就可以脱离掉前述的三个基础假设：首先，去除时间趋势 t 以后，直接就摆脱了总产出增长率保持不变的基本假设；其次，我们知道，在开展实证分析的过程中，该模型会产生一个固定的常数，也就是我们通常所说的全要素生产率，其代表着广义上的技术进步对于经济增长所产生的固定影响。因此，只要实证分析后所得到的狭义技术进步的边际产出弹性估计值大于零，那么就说明技术进步对于经济增长存在着递增效应，反之则存在递减效应，而当其并不显著异于零时，那么就说明技术进步对于经济增长的影响是保持固定不变的。因此通过对狭义的技术进步进行拆分和重新设定后，也就可以摆脱将技术进步对于经济增长的影响设定为保持固定不变和具有规模收益不变性质这两个假设基础的硬性依赖。此外,这里还需要指出和说明的是，经过对狭义的技术进步采取这样的设定以后，前述的（14）式也就可进一步表述为如下形式：

$$Y = A^{\omega} K^{a_1 k_1 + a_2 k_2 + \ldots + a_m k_m} L^{\beta_1 l_1 + \beta_2 l_2 + \ldots + \beta_m l_m} H^{\gamma_1 h_1 + \gamma_2 h_2 + \ldots + \gamma_n h_n} \quad (22)$$

第五章

生产要素内部投入结构变动影响中国经济增长的实证研究

生产要素内部投入结构的变动是否会对我国经济增长产生影响，其具体能够产生哪些实际影响，在现实中，这些影响是否存在区域性差异？只有在前述几章之基础上进一步展开相关的实证研究，我们才能够对这几个问题做出诠释和解答。此外，生产要素内部投入结构影响经济增长的测度模型，是以生产要素投入影响经济增长的新古典增长模型为基础而建立起来的。这就决定了在开展实证研究的过程当中，同时也能够考察生产要素投入对于我国及我国各地区经济增长的影响。

第一节　实证模型设定和样本数据说明

一、实证模型设定

实证模型的设定，应该以相关的经济理论为指导。因此，为全面而有效地增强实证研究的理论说服力，依据第四章扩展和修正后所得到的变产出弹性生产函数模型，在考察生产要素内部投入结构变动对于我国经济增长的影响时，就可具体设定如下的计量经济模型：

$$Y = A^{\omega} K^{\alpha_1 k_1+\alpha_2 k_2+\alpha_3 k_3} L^{\beta_1 l_1+\beta_2 l_2+\beta_3 l_3} H^{\gamma_1 h_1+\gamma_2 h_2+\gamma_3 h_3+\gamma_4 h_4+\gamma_5 h_5} e^{\varepsilon} \qquad (23)^{*}$$

---

* 需要给予补充性说明的是，关于包含人力资本的C-D生产函数，候亚非(2000)[114]最早给出了两个具体形式：一个是将劳动力的平均受教育年限视为与资本和劳动两个生产要素相独立的要素，继而将其作为一个单独的变量放入到生产函数之中，即$Y = AK^{\alpha} L^{\beta} H^{\gamma}$；一个是将劳动力的平均受教育年限与劳动力的总数量相乘，在此基础上，将该乘积作为一个合并的生产要素放入到传统的C-D生产函数之中，即$Y = AK^{\alpha}(LH)^{\beta}$。应该说，上面两种函数形式，通过两边取对数后都可以对要素的产出弹性进行估计，而为了更加便于分析各生产要素内部投入结构变动对于其各自产出弹性所具有和形成的实际影响，本书选择了第一个形式。

此外，对于人力资本而言，其作用于经济增长的机制较资本和劳动又显得更为的复杂。一般来说，可将其作用于经济增长的途径划分为直接途径和间接途径两大类（也就是直接作用和间接作用）。关于直接途径，主要是指人力资本在水平和结构上的变化，会引起作为人力资本承载主体的劳动力的生产经营效率的改变，继而直接影响到经济增长；关于间接途径，则主要是指人力资本的水平和结构，会很大程度上决定R&D活动的活跃程度（经验上来说，人力资本的总水平和平均水平越高，以及高素质人才所占的比重越高，R&D活动就会表现得越为活跃），继而引起技术进步水平的变化，影响经济增长。然而，对于人力资本和人力资本结构究竟能够在多大的程度上影响到技术创新水平，则很难在量上进行准确把握，因为诸如制度变迁等其他一些因素，也会引起技术创新水平的变化。但是，杨立岩等人（2003）[115]的研究表明了，对于人力资本与技术创新水平之间的关系，并不能简单地以线性的形式来进行考量，而应以略为复杂的非线性形式来加以分析。这也就是说，将技术进步与人力资本同时放入经济增长模型之中，并不会引起共线性问题。

其中，Y、A、K、L 和 H 所代表的含义均与其在前述相关模型中所代表的基本含义相同。并在现实中具体以实际总产出水平，实际技术市场成交额，实际资本存量，就业人口数量以及就业人口的平均受教育年限（平均人力资本水平）来分别进行反映。ε 代表随机扰动项，并被假定为服从正态分布。加入它是用来反映其他一些影响经济增长的不可观测因素。而将其以 e 的幂次形式加入到模型之中，则主要是为了实证分析上的方便，其更多属于技术上的处理。

此外，在该模型中，ω 具体被用来代表技术水平的边际产出弹性，也即“狭义”技术水平（一个单位）的相对变化能够引起总产出水平相对变化的大小；$\alpha_1k_1+\alpha_2k_2+\alpha_3k_3$ 被用来代表资本要素的总边际产出弹性；$\beta_1l_1+\beta_2l_2+\beta_3l_3$ 被用来代表劳动要素的总边际产出弹性；$\gamma_1h_1+\gamma_2h_2+\gamma_3h_3+\gamma_4h_4+\gamma_5h_5$ 被用来代表人力资本要素的总边际产出弹性。与此同时，k_1、k_2、k_3 分别代表三次产业内资本存量占社会总资本存量的比重；l_1、l_2、l_3 分别代表三次产业内就业人口占社会总就业人口的比重；h_1、h_2、h_3、h_4、h_5 分别代表依据教育的层次进行划分，文盲（未受过教育）人口、受小学教育人口、受初中教育人口、受高中教育人口、受大专及以上教育人口在社会总就业人口中所占的比重。此外，α_1、α_2、α_3 分别代表三次产业内资本存量占社会总资本存量比重的单位变化，引起资本总边际产出弹性绝对变化的大小；β_1、β_2、β_3 分别代表三次产业内就业人口占社会总就业人口比重的单位变化，引起劳动边总际产出弹性绝对变化的大小；γ_1、γ_2、γ_3、γ_4、γ_5 分别代表各受教育阶段就业人口占社会总就业人口比重的单位变化，引起人力资本总边际产出弹性绝对变化的大小*。这 12 个结构性系数，就是后面所要重点估计的 12 个参数。

---

* 需说明的是，按照 Lucas（1988）[95] 的思想，虽然在理论上来讲，这里所集中讨论的是人力资本的外部效应。但是应该注意到，对于内生增长模型“$Y=AK^{\beta}(\mu hL)^{1-\beta}h^{\gamma}$”，在形式上也可进一步地转化为 C-D 函数。因此，在进行具体的实证分析时，基于这两个模型所得到的结论在本质上并不会出现显著的差别。也就是说，尽管两种模型在理论的设定上存在不同，但是在实证分析中，两者所得到的实证结果并不会出现明显的不同。与此同时，由于本书还考虑了人力资本结构变动对于人力资本自身产出效率的影响，因此采用 C-D 生产函数形

可以发现，对于该函数而言，两边对数化处理以后，就可将其进一步转变为下面（24）式所展示的线性形式*：

$$\log Y = \omega \ln A + \alpha_1 k_1 \log K + \alpha_2 k_2 \log K + \alpha_3 k_3 \log K + \beta_1 l_1 \log L + \beta_2 l_2 \log L + \beta_3 l_3 \log L + \gamma_1 h_1 \log H + \gamma_2 h_2 \log H + \gamma_3 h_3 \log H + \gamma_4 h_4 \log H + \gamma_5 h_5 \log H + \varepsilon \quad (24)$$

二、样本选取及数据说明

（一）面板数据的选取

为了尽可能地避免经济体制上的变迁对于我国经济增长所产生的系统性影响，以切实降低实证分析上的难度，并有利于突出本书的研究重点，在开展具体的实证分析之前，本书同样率先将时间的区间界定在了1993年开始建立社会主义市场经济体制以后的这段时期。与此同时，虽然对于上述（24）式中的模型而言，可供选择的样本数据类型包括横截面数据、时间序列数据和面板数据三种，但是相对来说，面板数据比起只利用横截面数据或只利用时间序列数据具有着更加独特的优势，这主要是因为与后两种数据类型相比，面板数据不仅可以增加模型的自由度，而且也能够减少解释变量之间的多重共线性问题，从而有利于在整体上改进估计结果的有效性。另一方面，由于（24）式的模型中所要估计的参数本身就相对较多，因而为满足回归分析对于样本量的需求，选择面板数据也是顺理成章的。也正是鉴于上述两方面的原因，本书进一步选定以该期间我国31个省市的面板数据作为实证样本。此外，由于重庆市作为独立直辖市而被成立的时间是1997年，因而为保持各年份横截面上样本个体的一致性，并结合数据

式，无疑能够更加有利于实证上的讨论。

* 应该说，在对(23)式中的经济增长模型进行实证估计时，主要有两种线性化处理方式，一是经过对该模型两边取对数后，直接进行回归估计，如邱晓华等(2006)[21]、王小鲁等(2010)[47]都采用的是该方法；二是在对该模型两边取对数的基础上，进一步进行差分化处理，也即采取超对数分析，如蔡晳和王德文（1999）[81]就用了该种方法。相对而言，在考虑要素内部投入结构变动对经济增长的实际影响时，采取第一种方式，会更加便于对这种影响进行估计。

上的可得性，本书最终将时间区间具体限定在了 1997~2009 年这段时期。

（二）指标数据的说明

虽然对我国整体和东、中、西三大区域资本、劳动以及人力资本内部投入结构的变动表现进行描述时，本书就说明了衡量各生产要素内部投入结构指标的数据来源及其具体计算方法，但是为了保证整个实证过程的连贯性，这里仍有必要对（24）式中各指标变量的相关数据来源以及各指标数据的计算方法再次进行描述，其具体说明如下：

第一，1997~2009 年各省市的实际总产出水平。以 1997~2009 年各省市的实际生产总值来进行反映。近些年的中国统计年鉴中，提供了 1997~2009 年各省市的生产总值（GDP，亿元）及其相对于上一年的指数。因此，这里先分别计算了各省市各年（相对于上一年）的 GDP 平减指数，即某省市当年的 GDP 平减指数 = 当年 GDP（名义值）/[上年 GDP（名义值）× 当年指数]。在此基础上，再以各省市 1997 年的不变 GDP 指数为基准（即设各省市 1997 年的 GDP 平减指数为 100），将各省市（1997~2009 年间）各年的 GDP 名义值连续除以该省市 1997 年至该年的 GDP 平减指数，继而得到了各省市 1997~2009 年的实际 GDP 水平。

第二，1997~2009 年各省市的实际技术市场成交额。这里分别以各省市 1997 年的不变总物价指数为基准的技术市场成交额（万元）来进行反映。关于这方面的原始数据，均来自近年来的中国统计年鉴。而且需要说明的是，由于相关统计资料中缺少能够全面反映各省市总物价指数方面的数据，因此对于各省市每一年的总物价指数，是以前面所计算出的各省市各年的 GDP 平减指数进行了相应替代。

第三，1997~2009 年各省市的实际资本存量。根据近年来中国统计年鉴所提供的（1997~2009 年间）各省市固定资本形成总额（亿元）和固定资本折旧额（亿元），先分别计算出了各省市各年的固定资本形成净额，并以其作为衡量各省市各年投资额的指标，在这方面，所参考的是张军等人

（2004）[108] 的做法。在此基础上，再应用近几年为国内外学者所普遍采用的永续盘存法，对各省市各年的资本存量值进行了具体估算（主要借鉴王小鲁等，2000[116]）*。这其中，我们借用了张军等人（2004）[108] 所估算出的各省市 2000 年（按当年价格计算的）资本存量值，并以该年为基期，依次通过前后向的推算，得到了各省市 1997~2009 年的资本存量估算值。而且这里所需要指出的是，在具体推算之前，本书分别以各省市 1997 年的固定资产投资价格指数为基准，对上述的资本净值以及各省市 2000 年的资本存量名义值进行了折算。与此同时，在张军等人（2004）[108] 的研究中，重庆市被并入到了四川省。因此，本书还通过假设重庆和四川在 2000 年具有相同的资本产出率，对两地 2000 年的资本存量值进行了拆分。

而对于 1997~2009 年各省市的资本存量结构状况，这里选取以 1997~2009 年各省市三次产业固定资产投资占社会总固定资产投资的比重来代表。具体而言，先按照国家统计局于 2003 年颁布的三次产业最新行业划分标准，对我国各行业的产业归属进行了归类，在此基础上，计算出了 1997~2009 年各省市三次产业固定资产投资占该省市社会总固定资产投资的比重。需要说明的是，与第三章相同，关于这方面的数据，均来自于中经网统计数据库。此外，鉴于相关数据的缺失，在计算各省市资本存量和资本存量结构的过程中，关于西藏自治区 1997~2009 年间各年的固定资产投资价格指数、广东省 1997~2000 年间各年的固定资产投资价格指数、海南省 1997~1999 年间各年的固定资产投资价格指数，分别以 100 进行了替代。

第四，1997~2009 年各省市就业人口数量及就业结构。在中经网统计数据库中，直接提供了 1997~2005 年以及 2007~2009 年各省市的就业人口

* 即本年的资本存量值 K（以 1997 年不变价为基准）= 上一年的 K（以 1997 年不变价为基准）+（本年固定资本形成总额 - 当年固定资产折旧额）/ 固定资产投资价格指数 P_k，这里的 P_k 是相对于 1997 年的固定资产投资价格指数而言。另外，在上面的估算过程中，因部分统计数据的缺失，对于 2004 和 2008 两年各地区的固定资本折旧额，我们分别是以其前后两年的平均值来进行代替。

数量（万人）及其在三次产业内的构成（各产业内就业人口占总就业人口的比重）情况。此外，与第三章中的做法相一致，由于统计数据缺失，对于各省市 2006 年的就业人口数量及其结构，分别相应地以该省市前后两年就业人口数量及就业结构的平均值进行了替代。

第五，1997~2009 年各省市就业人口的平均人力资本水平和人力资本结构。近年来的中国统计年鉴与中国人口和就业统计年鉴中，提供了 1997、1998，以及 2006~2009 年各省市从业人员的受教育年限及其构成情况。鉴于相关数据的缺失，对于 1999~2005 年各省市就业人口的受教育年限及其构成情况，这里分别以 2000~2006 年中国统计年鉴中提供的基于抽样调查而得到的各省市 6 岁及以上人口受教育年限方面的相关数据来进行了替代。在此基础上，通过采用 Barro 和 Lee（2001）[52] 的人均受教育年限法，计算出了 1997~2009 年各省市就业人口的平均受教育年限，并将其用来反映 1997~2009 年各省市的平均人力资本水平（结合我国教育事业的现实情况，将未上过学、上过小学、初中、高中和大专及以上的受教育年限，分别设定为 0、6、9、12 和 16 年）。与此同时，该期间所得到的各省市各受教育阶段就业人口在该省市总就业人口中所占的比重，则被用来反映各省市同时期内的人力资本结构。

表 5–1　样本数据统计性描述

统计值	均值	标准差	最大值	最小值	样本值	截面个体数
logY	8.024	1.131	10.255	4.344	403	31
logA	10.851	2.497	15.048	0	403	31
$k_1$logK	0.330	0.204	1.397	0.016	403	31
$k_2$logK	3.554	1.316	9.036	0.770	403	31
$k_3$logK	4.902	1.112	7.506	0.900	403	31
$l_1$logL	3.497	1.266	6.269	0.334	403	31
$l_2$logL	1.627	0.702	3.706	0.374	403	31

（续表 5-1）

统计值	均值	标准差	最大值	最小值	样本值	截面个体数
$l_3$logL	2.321	0.608	5.258	1.208	403	31
$h_1$logH	0.206	0.130	0.693	0.022	403	31
$h_2$logH	0.648	0.160	1.004	0.004	403	31
$h_3$logH	0.786	0.229	1.288	0.028	403	31
$h_4$logH	0.270	0.127	0.740	0.003	403	31
$h_5$logH	0.133	0.129	0.889	0.001	403	31

第二节　实证分析

一、引入虚拟变量

众所周知的是，自 1978 年开始实施改革开放以来，我国的经济发展以及期间所经历的市场经济体制改革就具有着渐进式的“梯度推进”特征，并且在进程上表现为自东向西逐步推移。整体上来看，在这一进程中，东部地区的市场化程度、对外开放度、基础设施建设水平，以及金融发展等方面都要明显地高于中部地区，而中部地区的市场化程度、对外开放度、基础设施建设水平，以及金融发展等方面，又要明显地高于西部地区。由前面的相关文献评述中我们知道，一般来说，对于这些方面的因素及其变动而言，也很可能会对国家和地区的经济增长产生实质性影响。因而为增强实证结果的稳健性，有必要在实证分析的过程中同时考虑这些因素。

为解决这一问题，以往研究多采用加入控制变量的做法，而对于这些控制变量加入模型的形式，又多是以索洛余值分解法为基础。这容易导致两方面问题的出现：第一，与生产要素内部投入结构相类似，前述这些因素的存在及其变动，也是通过作用于生产要素来间接影响经济增长的。因此以索洛余值分解法为基础来将它们加入到经济增长模型之中，缺乏应有的说服力。如随着市场化改革的逐步深入，随之而来的是大量企业对其内部的产权结构进行了相应的变革和调整，而依照新制度经济学的基本理论，产权的最大功能就在于其能够引导企业建立起有效的激励和约束机制，并通过激励和约束个体行为，来影响各类生产要素的投入和使用效率；第二，由于现实中对经济增长和经济周期的影响因素本身就很多，因此除生产要素内部投入结构之外，我们尚没有能力将所有影响经济增长的其他因素全部挖掘出来并加入到经济增长模型之中。而且即便是我们能够识别出所有与经济增长有关的因素，也不意味着我们能够成功地选取到准确衡量这些因素的数据指标。这也就使得我们将面临到该选择哪些控制变量的问题，并容易导致控制变量选择的随意性和内生性问题的出现。而在存在内生性问题的情况下，实证分析的结果往往是有偏误的。例如很多研究都以非国有经济产值占社会总产值的比重来反映我国各地区的市场化改革进程，然而我们知道，自新中国成立以后，我国大多数的国有工业企业全部集中在东部地区，特别是集中在我国的东北地区。与此同时，对于很多把握国民经济命脉的重工化行业而言，其国家所有的基本属性到目前为止也尚未被触动，因此以这一指标来作为市场化改革进程的代表，必然会引起内生性问题的出现。有鉴于此，本书避开了对于控制变量的选取，并以我国市场经济体制改革自身所具有的地域性特征为基础，转而在模型中加入了反映区域性差异和特征的虚拟变量，即在（23）式中各生产要素的边际产出弹性上加入了反映地区性特征的虚拟变量 I_1 和 I_2，继而构建如下（25）式所述的扩展模型：

$$Y = A^{\omega} K^{\alpha_1 k_1 + \alpha_2 k_2 + \alpha_3 k_3 + \alpha_4 i_1 + \alpha_5 i_2} L^{\beta_1 l_1 + \beta_2 l_2 + \beta_3 l_3 + \beta_4 i_1 + \beta_5 i_2} H^{\gamma_1 h_1 + \gamma_2 h_2 + \gamma_3 h_3 + \gamma_4 h_4 + \gamma_5 h_5 + \gamma_6 i_1 + \gamma_7 i_2} e^{\varepsilon} \quad (25)$$

进一步来说，将该式两边进行对数化处理后，也可将其变为如下的线性形式：

$$\log Y = \omega\log A + \alpha_1 k_1 \log K + \alpha_2 k_2 \log K + \alpha_3 k_3 \log K + \beta_1 l_1 \log L + \beta_2 l_2 \log L + \beta_3 l_3 \log L + \gamma_1 h_1 \log H + \gamma_2 h_2 \log H + \gamma_3 h_3 \log H + \gamma_4 h_4 \log H + \gamma_5 h_5 \log H + \alpha_4 i_1 \log K + \alpha_5 i_2 \log K + \beta_4 i_1 \log L + \beta_5 i_2 \log L + \gamma_6 i_1 \log H + \gamma_7 i_2 \log H + \varepsilon \quad (26)$$

二、确定回归方法

（一）*F* 检验

需要说明的是，在下面整个实证检验和回归分析过程中，所应用的都是 EVIEWS6.0 统计分析软件。除此之外，这里还需要指出的是，对于面板数据回归模型中的解释变量来说，除了包含对于所有横截面个体都适用的共同解释变量以外，还包括一组代表各横截面个体自身所具有的异质性特征的变量，其具体可能由一个常数项或一个常数项加上一些体现横截面个体影响但不随时间变化的变量两种方式所组成。与此同时，由于只反映了不同横截面个体自身所具有的异质性特征，所以这一个或一组反映横截面个体自身特征的变量，在数量上都具体表现为固定的常数。而且通常来说，这一组体现横截面个体异质性特征的变量在现实中往往又是不可观测的。如以上面（26）式中的经济增长模型为例，虽然在理论上来看，各省市的总产出水平只与当前模型中所包含的解释变量有关，而且根据（22）式中的经济增长模型,（26）式中的总产出水平与等式右边各变量之间应该具有着恒等关系，但是在现实中，这种恒等关系是很难成立的，因为诸如文化特点、种族差别，以及地理位置等体现各省市自身独特特征方面的因素，也会或多或少地对各省市的总产出水平产生影响。

进一步来看，依据计量经济学相关理论可知，在一个面板数据模型中，如果代表横截面个体异质性特征的解释变量只包含一个常数项，那么就应将该模型具体设定为满足混合回归形式。在这种情况下，可不考虑时间和空间上的影响,直接采用普通最小二乘法（*OLS*）对这组混合数据进行回归。相反，如果该解释变量中除了包含常数项以外，还包含其他一些变量，那么就应将此面板数据模型具体设定为变截距回归形式。当然，这里的截距也是针对反映个体异质性特征这一特定解释变量而言的。然而在这种情况下，再采用普通最小二乘法对原模型进行回归，就会导致实证结果出现偏误。因此当后种情形出现时，应依据这一截距项自身所具有的特点而选择其他一些变截距回归方法。

而这也就意味着，在展开回归分析之前，还需检验这一个体性差异是否随横截面个体的改变而改变。通过应用广为采用的 F 检验法，我们可以发现，对于（26）式中的面板数据模型而言，截距项是随着横截面个体的改变而改变的，这也就是说，应将该模型具体设定为变截距回归形式。

表 5-2　模型（3）的 F 检验

检验统计量	F 值	接受或拒绝原假设
$F=\dfrac{(RSS_R-RSS)/(n-1)}{RSS/(nT-n-K)}\sim F(n-1,\ nT-n-K)$	86 $>F_{0.01}$（30,354）	拒绝

说明：在这里，n 代表横截面个体数（31），K 代表解释变量个数（18 个）。RSS_R，RSS 分别代表截距不变以及截距随个体而改变情况下，混合回归和固定影响回归下的残差平方和。依据 F 检验的基本原则，当 F 的统计值大于统计表中给出的相应临界值时，我们就应该拒绝原模型属于混合回归模型这一原假设。

（二）豪斯曼检验

为了能够有效地选择出适合于此模型的变截距回归方法，在确定截距项是随横截面个体的改变而发生改变之后，还有必要进一步确定该一反映横截面个体异质性特征的截距项自身所具有的一些特性。关于这一点，一般来说，对于变截距面板数据模型而言，依据每个横截面个体的异质性特征与其他解释变量之间是否存在相关性，可将其分为固定影响变截距模型和随机影响变截距模型两种主要形式。具体来讲，当这一异质性特征与其他解释变量之间存在相关性时，就意味着我们应该采用固定影响变截距模型，而当这一异质性特征与其他解释变量之间不存在相关性时，就意味着我们应该采用随机影响变截距模型。尽管在时间序列数据的数量较多而横截面单元的数量较少的情况下，基于两种变截距模型所得到的参数估计值不会存在较大的差异，但是当横截面单元数量大于时间序列数据的数量时，对于模型形式的这种甄别就将变得尤其重要，因为此时两种方法所得到的参数估计值往往会出现显著的差异。从本书所选取的面板数据样本来看，其正属于横截面单元数量大于时间序列长度这一后种情形，因此在进行回归分析之前，必须进一步确定（26）式中的变截距面板模型属于上述两者中的哪一种类型。在这方面，本书同样应用了被广为采用的豪斯曼检验法。简单来说，就是先在随机影响的假定下对原模型展开回归分析，在此基础上,对回归分析所得到的结果施以豪斯曼（Hausman）检验*。检验后的结果显示，该面板数据模型应具体属于固定影响变截距模型。应该说，这一结果的出现是令人欣慰的，因为依据豪斯曼检验的基本原理，在采用固定影响模型进行回归分析时，即使模型中存在内生性问题，也能够在很大程度上得到解决。

表 5-3　豪斯曼检验的基本结果

原假设	卡方统计值	解释变量个数	概率值
横截面随机	184	18	0.000

三、回归分析与结果解读

（一）回归分析

在经过必要的假设性检验，进而确定了所应采取的回归方法的基础上，

* 有必要说明的是，豪斯曼检验的根本思路在于：如果模型的误差项与解释变量之间没有正交性，那么基于随机影响模型所得到的估计量就是有偏和非一致的。但是，这一正交性并不影响固定影响模型所得到的估计量的性质（无偏性和有效性）。与之相反，如果模型的误差项与解释变量之间具有正交性，那么基于随机影响模型所得到的估计量就是有偏的，因此在这种情况下，我们就应将变截距面板数据模型具体设定为随机影响模型。于是，通过检验模型的误差项与解释变量之间是否存在正交性，就可以解决变截距面板数据模型的设定问题。

本书应用（26）式中的面板数据模型，利用1997~2009年我国31个省市的相关数据，就生产要素内部投入结构变动对于我国经济增长的影响展开了回归分析。需要注意的是，受文化、区位等其他一些环境因素上的差异所带来的影响，除了会使得现实中（处于同一横截面上的）各省市之间表现出一定的异质性特征之外，还很可能会导致（处于同一横截面上的）各省市之间在随机干扰项的方差上出现不一致性，因此，为了尽量消除模型中的异方差问题，这里采用了怀特截面加权法。并通过应用广义最小二乘法（GLS），得到了如下表5-4中所示的主要回归结果：

表5-4　主要回归结果

常数项和解释变量	系数值	t统计值
常数项	2.453***	14.033
$logA$	-0.005	-0.841
k_1logK	0.531***	17.058
k_2logK	0.571***	34.559
k_3logK	0.584***	36.442
l_1logL	0.050***	4.870
l_2logL	0.034***	3.164
l_3logL	0.064***	5.414
h_1logH	-0.074	-1.067
h_2logH	0.017	0.289
h_3logH	0.265***	3.513
h_4logH	0.057	0.497
h_5logH	0.503***	5.329
i_1logK	0.154***	7.862

（续表 5-4）

常数项和解释变量	系数值	t 统计值
i_2logK	0.092***	5.979
i_1logL	−0.006***	−3.561
i_2logL	−0.020	−1.114
i_1logH	−0.046***	−2.690
i_2logH	−0.051***	−3.570

说明：这里采用了以往研究中的通用表述形式，即表中的 *、** 和 *** 分别代表 10%、5% 和 1% 的显著水平。

表 5–5　各地区固定影响估计值

地区	固定影响	地区	固定影响
北京	−0.412	湖北	0.783
天津	−0.272	湖南	0.641
河北	0.208	广东	0.519
山西	0.226	广西	0.079
内蒙古	0.193	海南	−1.062
辽宁	0.200	重庆	0.173
吉林	0.249	四川	0.340
黑龙江	0.582	重庆	−0.498
上海	−0.071	云南	−0.106
江苏	0.423	西藏	−1.394
浙江	0.271	上海	−0.373
安徽	0.517	甘肃	−0.125

（续表 5-5）

地区	固定影响	地区	固定影响
福建	0.270	青海	−1.140
江西	0.411	宁夏	−1.232
山东	0.482	新疆	−0.481
河南	0.599		

（二）回归结果解读

由于代表各横截面个体异质性特征的变量不是本书所讨论的重点，因此这里只给出反映各横截面个体异质性特征的各省市固定影响估计值，对于这些估计值在数值上的大小和在符号上的正负的原因，以及其两者背后所蕴含的涵义等方面，这里不展开深层次的探究。

从回归后所得到的其他结果来看，首先，此时的调整 R^2 值达到 0.998，说明模型的整体拟合情况很好。

其次，在全国的层面上，模型中各变量系数的具体回归结果表明了，代表相对广义技术进步的常数项，不仅在数值上明显大于 0，而且还通过了显著性检验；k_1logK、k_2logK、k_3logK、l_1logL、l_2logL、l_3logL、h_3logH、h_5logH 前面的系数不仅在数值上全部表现为大于 0，而且也全部通过了显著性检验；$logA$、h_1logH、h_2logH、h_4logH 前面的系数虽在数值上全部表现为异于 0，但并未通过显著性检验。因此，该模型的总体回归结果说明了：第一，对于广义上的技术进步而言，虽对我国及各个省市的经济增长都具有着显著的推动作用，但随着技术水平的提高，其对我国及各省市经济增长的推动作用并没有表现出显著的递增趋势。从现实中来看，这也与近年来我国一直属于一个技术引进大国，而并没有发展成为一个具有高度自主创新能力的技术开发大国这一基本国情相符；第二，在资本要素的内部投入结构变动方面，三次产业资本存量占社会总资本存量比重的提高，都能够显著地提高资本的总边际产出弹性，继而也就能够更加快速地促进我国及各省市的经济增长。同时，第三产业资本存量占社会总资本存量比重的提高，对于资本总边际产出弹性的提升作用，以至对于我国及各省市经济增长的整体促进作用，要略高于第二产业。第二产业资本存量占社会总资本存量比重的提高，对于资本总边际产出弹性的提升作用，以至对于我国及各省市经济增长的整体促进作用，要略高于第一产业；第三，在劳动要素的内部投入结构变动方面，三次产业就业人口占社会总就业人口比重的变化，都会正向地影响劳动的总边际产出弹性，继而能够更加快速地促进我国及各省市的经济增长。与此同时，第三产业就业人口占社会总就业人口比重的提高，对于劳动总边际产出弹性的提升作用，以至对于我国及各省市经济增长的整体促进作用，要显著地高于第一产业。第一产业就业人口占社会总就业人口比重的提高，对于劳动总边际产出弹性的提升作用，以至对于我国及各省市经济增长的整体促进作用，要显著地高于第二产业*。而且值得注意的是，这里所得到的基本研究结论与袁志刚和解栋栋（2011）[117]的研究结果恰好相反，因为他们的研究发现，中国以农业部门就业比例过高为特征的劳动力错配对经济增长的总生产率有着显著的负效应；第四，在人力资本要素的内部投入结构变动方面，文盲人口、受小学教育人口、受高中教育人口占社会总就业人口比重的变化，不会显著地影响人力资本的总边际产出弹性，这说明了，该三个教育阶段的人口及其在社会总就业人口比重上的变化，并不影响人力资本对于我国及各省市经济增长的实际推动作用。而受初中教育人口、大专及以上教育人口占社会总就业人口比重的变化，则会正向地影响人力资本的总边际产出弹性，特别是受大专及以上教育人口占社会总就业人口比重的提升，将能够更为有效地促进人力资

*资本与劳动两个生产要素内部投入结构变动对于我国经济增长影响的实证研究结果，还表明了以下两个事实：第一，从现实来看，对于该两个生产要素的再配置效应，在我国的确是显著存在的；第二，理论上而言，实施社会主义市场经济体制改革以后，当某一产业取得了更加快速的发展和规模化的向前扩张，将引致更多的资本和劳动要素向该产业内转移和流动、提高产业内资本和劳动要素占两者在社会总投入的比重后，都能够促进两个要素边际产出弹性的提升。

本总边际产出弹性的快速提升。这说明了，该两个教育阶段人口占社会总就业人口比重的提升，会在整体上提高人力资本对于我国及各省市经济增长的现实推动作用。

再次，就制度、基础设施、金融发展等地区性特征因素对于要素产出效率的影响而言，从分地区的层面来看，i_1logK、i_2logK 前面的系数不仅在数值上全部表现为大于 0，而且也全部通过了显著性检验；i_1logL、i_1logH、i_2logH 前面的系数不仅在数值上全部表现为小于 0，而且同样通过了显著性检验；i_2logL 前面的系数虽在数值上表现为异于 0，但并未通过显著性检验。这样的回归结果说明了，当资本、劳动以及人力资本的内部投入结构在三个区域间表现相同时：第一，对于资本要素的投入而言，在东部地区的边际产出弹性要大于中部和西部地区。而其在中部地区的边际产出弹性，又要大于西部地区。说明在我国的东、中部地区，资本要素将具有着更高的产出效率水平。而且在东部地区，资本要素的产出效率水平将表现得更高。与此同时，这也说明了随着市场化改革的不断深化，基础设施水平的逐渐完善，以及金融体系的愈趋完备，将能够在一定程度上推动资本要素产出效率水平的提升；第二，对于劳动要素的投入而言，在东部地区的边际产出弹性要小于中部和西部地区。而在我国的中、西部地区，劳动要素的边际产出弹性并不存在明显差异。说明与我国的东部地区相比，劳动要素在中、西部地区将具有着更高的产出效率水平，这与赵志耘等人（2006）[118]所得到的研究结论基本一致。而按照罗长远和张军（2009）[119]的解释，可以认为这其中制度因素起到了决定性的作用，即相对于东部地区而言，中、西部地区更多地是以传统国有经济为主，劳动密集型第三产业的发展还相对滞后，因此，资本重化的工业化侵蚀了劳动产出份额的有效提升；第三，对于人力资本要素的投入而言，其在东部地区的边际产出弹性要小于中部地区，而其在中部地区的边际产出弹性，又要小于西部地区。说明在我国的中、西部地区，人力资本要素将具有着更高的产出效率水平。而且在我国的西部地区，人力资本要素的产出效率水平将表现得更高。这些都与刘岩（2012）[120] 的研究发现相一致。此外，这也间接地表明了与制度、基础设施等因素相比，由于近年来中西部地区人力资本水平始终要低于东部地区（见后面的表 6–2），因此使得该两个地区人力资本的产出效率水平表现得更为显著。

综合上述的一系列回归结果，我们可以初步得到如下基本结论：即在加强技术引进力度、增加各生产要素投入量的同时，只有重点加快开展技术创新活动的进程、加大资本投入力度、促进社会资本和劳动要素更多地向第三产业流动、提高受初中教育和受高等教育人口在社会总就业人口中所占的比重，才能够实现在不断提高技术进步和资本要素对于我国经济增长总体推动作用的过程中，进一步改善资本、劳动以及人力资本要素的产出效率，以更为有效地推动我国经济在未来的又好又快增长和发展。除此之外，推动资本要素更多地向东部和中部地区聚集，促进劳动要素更多地向中部和西部地区转移，以及引导更多的高素质人才向我国的西部地区流动，也有利于促进我国经济在未来的又好又快增长和发展。

第六章

中国经济增长的动力和动因

在实证研究过程中，本书不仅考虑了生产要素的内部投入结构，也考虑了各生产要素的总量投入。而结合第三章关于我国及分地区生产要素内部投入结构变动特征的描述，在展开具体的实证研究之后，就能够依据期间所得到的基本结论，进一步地对近年来我国经济增长的要素动力和动因，以及近年来我国经济增长的要素结构动力和动因展开探讨。

第一节　中国经济增长的要素动力和动因

一、要素动力

尽管本书所要重点讨论的是生产要素内部投入结构变动对于我国经济增长的影响，但是在探讨我国经济增长的动力与动因问题时，先从生产要素投入量的层面来进行切入，仍是必不可少的一个重要环节。而且经过这种分析和论证，对于解释和了解我国经济为何会在过去一段时期内保持持续的高增长而言，也将能够提供很大的帮助。然而需要注意的是，对于这里所指的动力和动因，其两者具有着不同的含义。具体来说，关于动力，多是针对于理论层面的问题；而关于动因，则主要针对的是现实层面的问题。如关于我国经济增长的要素动力，主要就是指其在理论上所能够形成的生产要素动力，也即从理论上来看，我国经济增长的要素动力具体能够有哪些，哪些要素的动力能够在现实中表现得更大一些等等。与之不同，关于我国经济增长的要素动因，则主要是指在我国经济增长进程中所实际表现出来的要素动力，也即各生产要素对于推动我国经济增长所具有的动力在现实中是否得到发挥，以及其在现实中的具体表现状况又是怎样等等。应该说，基于这样的层次性划分，就能够使我们清晰整个分析的脉络，避免后面的论述将两者混淆在一起。

正如实证结果的解读中所提到，虽然技术进步对于我国的经济增长并没有形成递增效应，但不可否认的一点是，其对于近些年我国经济增长的推动作用仍然十分显著。而且除了技术进步之外，资本、劳动、人力资本的内部投入结构变动与经济增长关系的实证研究结果还表明，增加三个生产要素各自的投入量，都能够显著而有效地推动我国的经济增长。当然，对于资本要素来讲，对我国经济增长的推动作用要远大于劳动。这主要体现在：三次产业资本投入占社会总资本投入比重的提高，不仅都能够有效地提升资本的总边际产出弹性，而且其三者对于资本总边际产出弹性的提升幅度，也要远远地大于三次产业劳动人口占社会总劳动人口比重（同等幅度的）提高对于劳动总边际产出弹性的提升幅度。我们知道，在数量上来看，资本和劳动的总边际产出弹性分别等于两个要素各自在三次产业内边际产出弹性的加权平均值，因此实证研究的结果无疑非常有力地说明了，无论是从理论的意义上来讲，还是从现实的表现上来看，对于资本而言，其总边际产出弹性都要远远地大于劳动。另一方面，我们还知道，对于要素的边际产出弹性而言，又恰恰反映了其自身的产出效率水平，也就是说，要素的产出效率水平越高，说明其对于我国的经济增长具有着更为强劲的推动作用。

基于同样的逻辑，我们还能够发现，受初中教育人口，以及受大专及以上教育人口占社会总劳动人口比重的提升，也能够显著地提高人力资本的总边际产出弹性，特别是受大专及以上教育人口占社会总劳动人口比重的提升，将能够更为显著地提高人力资本的总边际产出弹性。而且应该指出，其两者对于人力资本总边际产出弹性的提升作用，虽在一定程度上小于三次产业资本投入占社会总资本投入比重的（同等幅度）提高对于资本总边际产出弹性的改善，但是却远大于三次产业劳动人口占社会总劳动人口比重的（同等幅度）提高对于劳动总边际产出弹性的提升幅度。所以，如果只从理论的层面上来考虑的话，那么可以说，只要人力资本要素在内部投入结构上配置得合理，其在现实中的总产出效率水平也将远远地大于劳动，故而对我国的经济增长形成比劳动要素更为显著的推动作用。

因此，上述的这些情况在总体上说明了，除了技术进步之外，从理论意义上来讲，资本和人力资本要素在我国经济增长进程中能够发挥出更为显著的推动作用。

需要指出的是，由于本书是以我国31省市的面板数据为基础而展开的实证分析，所以上面对于我国经济增长要素动力所展开的探讨，以及其间所得到的基本结论，在我国各个地区也都是普遍适用的。而且还需注意的一点是，从前面实证分析所得到的基本结果中还能够发现另外三个较为重要的特征：也即从分地区的层面来看，当三个生产要素各自的内部投入结构在三大区域内的表现完全相同的情况下，对于资本要素而言，在东部地区的产出效率水平要明显地高于中部和西部地区，而且，其在中部地区的产出效率水平又要明显地高于西部地区；对于劳动要素而言，在东部地区的产出效率水平要明显地低于中部和西部地区，而且，其产出效率水平在中、西部地区的表现基本一致；对于人力资本要素而言，在东部地区的产出效率水平要明显地低于中部地区，而且，其在中部地区的产出效率水平又要明显地低于西部地区。这三个地区性特征的存在，当然也就相对应地说明了如下三方面的事实：即在理论上来看，第一，对于推动我国三大区域的经济增长而言，资本要素所具有的动力在东、中部地区能够表现得更为强劲，并且在我国的东部地区能够表现得最为显著；第二，相对于东部地区的经济增长来说，劳动要素所具有的动力在中部和西部地区能够表现得更为强劲；第三，相对于东、中部地区的经济增长来说，人力资本要素所具有的动力在我国的西部地区能够表现得更为强劲。然而这里也需要进一步注意的是，前述这些情况在现实中的出现，并非完全要以各生产要素的内部投入结构在三大区域间的表现相同作为前提，因为正如我们所知道的那样，当各生产要素的内部投入结构在区域间存在差异时，本身就可能引致上述问题的出现。而这里之所以会提出这样的假定，主要是为了便于说明如下问题：即便各生产要素的内部投入结构在区域间的表现完全相同，对于三大区域各自区域内的经济增长来讲，仍具有着与其他区域所不同的要素动力优势。

二、要素动因

根据中经网统计数据库提供的我国各年总就业人口数量，以及依据前文估算资本存量和就业人口平均人力资本水平的基本方法，本书列出了1997~2009年间我国各年的总就业人口数量，测算出了1997~2009年间我国各年的资本存量值和就业人口的平均人力资本水平。需要说明的是，各年的资本存量值仍然是以1997年的不变固定资产投资价格指数为基准而进行测算的，其中也同样借用了张军等人（2004）[108]所估算出的我国2000年的资本存量值（按当年价格计算），并通过采用永续盘存法，分别进行了前后向推算。此外，这里对于三个生产要素投入单位的选取，也严格地遵循了前面实证研究过程中对其各自所作出的规定。从绝对值上来看，下表6–1显示，自1997年以来，我国国内资本要素的投入数量始终要远远高于劳动（就业人口）和人力资本要素，因此，结合前面关于我国经济增长要素动力所展开的相关探讨和期间所得到的主要结论，也就可以进一步地确定，从要素投入层面来看，对于近年来我国的经济增长，更多是依赖于投资上的带动。应该说，这与以往多数研究所得到的结论基本一致。

从分地区的表现上来看，尽管对于我国东、中、西三大区域各自的经济增长来讲，在理论上具有着不同于其他区域的要素动力优势，但是前述的实证研究结果也进一步表明，对于现实中三个区域的经济增长而言，资本要素所能够形成的动力要明显地高于劳动和人力资本两个要素。而且自1997年以来，资本要素在三个投入要素中占绝对数量这一情况，在三大区域内也都始终得以保持（见表6–2）。因此我们不难发现，对于我国东、中、西三大区域而言，其近年来的经济增长除了是由技术进步推动之外，也主要依靠的是投资上的带动。

表 6-1　1997 年以来全国各生产要素投入量*

年份	资本存量（亿元）	就业人员（万人）	人力资本水平（年/人）
1997	130339	69600	7.511
1998	145409	69957	7.541
1999	162600	70586	7.179
2000	180765	72085	7.114
2001	202680	73025	7.728
2002	228717	73740	7.734
2003	262148	74432	7.911
2004	303748	75200	8.010
2005	356423	75825	7.831
2006	420891	76400	8.314
2007	497936	76990	8.443
2008	590902	77480	8.563
2009	706910	77995	8.688

数据来源：1998~2010 年中国统计年鉴、2007~2010 年中国人口和就业统计年鉴、中经网统计数据库。表 6-2 同。

---

* 需要说明的是，在近些年的中国统计年鉴中，没有直接提供我国每一年的固定资产折旧值，而是以省市为单位来进行分地区统计的。因此在这里，是通过将我国 31 个省市每一年的固定资产折旧额进行加总后，才得到了全国层面的数据。同样，由于 2003 和 2008 年两年各省市固定资产折旧值的数据缺失，因此在计算的过程中，同样是以前后两年的平均值进行替代，而且更准确地来说，是以前后两年实际固定资产折旧额的平均值来进行替代的。

表 6-2　1997 年以来分地区各生产要素投入量*

年份	资本存量（亿元）	就业人员（万人）	人力资本水平（年/人）
东部地区			
1997	77949	26735	7.815
1998	87612	26016	7.863
1999	98460	26071	7.387
2000	109983	26262	7.378
2001	123534	26479	7.981
2002	139446	26855	7.910
2003	168714	27555	8.123
2004	193692	28398	8.223
2005	224288	29492	8.161
2006	260382	30544	8.840
2007	302489	31596	8.917
2008	352485	32528	9.020

* 这里也有三点需要说明，一是由于相关统计资料中并没有统计关于三大区域各年的固定资产投资价格指数，因此对于上表中三大区域各年的资本存量值，是以第五章中所计算出的以各省市 1997 年不变固定资产投资价格指数为基准的各省市各年的实际资本存量值，按照三大区域的划分标准进行加总计算后所得到；二是由于相关统计资料中数据的缺失，关于 2006 年三大区域的就业人口数量，同样是以 2005 年和 2007 年两年就业人口的平均值来代替的；三是在中国统计年鉴与中经网统计数据库中，各省市各年的就业人口数量加总值并不等于全国的总就业人口数量，而且往往要小于全国的就业人口数量，因此我们可以发现，除了将表 6-2 中三大区域各年的资本存量值加总后，并不等于其在表 6-1 中所对应的我国各年资本存量值之外，将表 6-2 中三个区域各年就业人口数量进行加总后，也不等于表 6-1 中所列出的全国总就业人口数量。

（续表 6-2）

年份	资本存量（亿元）	就业人员（万人）	人力资本水平（年/人）
2009	414387	33699	9.160
中部地区			
1997	31066	22146	7.726
1998	34347	21682	7.707
1999	38120	21781	7.268
2000	42119	21999	7.178
2001	47025	21845	7.788
2002	52811	21966	7.791
2003	63720	22119	8.044
2004	73330	22501	8.118
2005	86507	22832	7.877
2006	103922	23149	8.314
2007	125910	23466	8.450
2008	152730	23840	8.561
2009	187615	24429	8.692
西部地区			
1997	18107	14788	6.664
1998	20234	14661	6.655
1999	22882	14642	6.524
2000	25668	14718	6.281

（续表 6-2）

年份	资本存量（亿元）	就业人员（万人）	人力资本水平（年/人）
2001	29171	14730	7.011
2002	33491	14958	7.031
2003	40743	15189	7.214
2004	47168	15410	7.362
2005	55033	15704	6.963
2006	64541	15996	7.254
2007	75598	16288	7.463
2008	89190	16583	7.597
2009	105257	16833	7.713

第二节　中国经济增长的要素结构动力和动因

一、要素结构动力

与要素动力更加热衷于探讨各生产要素对于我国经济增长所能够形成的数量贡献不同，关于我国经济增长的要素结构动力，更多是围绕各生产要素自身的产出效率而展开的讨论。对于这一问题，首先，虽然三次产业资本投入占社会总资本投入比重的提高，都能够有效地促进资本总边际产出弹性的提升，继而对我国的经济增长形成更为显著的推动作用，但是（其三者同等幅度的提高）在对于资本总边际产出弹性的提升幅度上，三次产业间还是具有着一定的差别。而且当其更多地被投向二、三产业，特别是更多地被投入到第三产业之中，继而提高二、三产业，特别是第三产业资本投入占社会总资本投入的比重后，将能够改善现实中我国经济增长的资本结构动力，提高资本要素的总产出效率水平，进而也就会更为显著地推动我国的经济增长；其次，与资本内部投入结构的变动相类似，尽管三次产业劳动人口占社会总劳动人口比重的提高，都有利于促进劳动总边际产出弹性的提升，但是（其三者同等幅度提高）在对劳动总边际产出弹性的提升幅度上，三次产业间也存在着一定的差别。而且当其更多地被投向第一产业和第三产业，特别是更多地被投入到第三产业之中，继而提高一、三产业，特别是第三产业劳动人口占社会总劳动人口的比重后，同样将能够在一定程度上改善现实中我国经济增长的劳动结构动力，提高劳动要素的总产出效率水平，继而对我国的经济增长形成更为显著的推动作用；再次，从人力资本要素的内部投入结构上来看，文盲人口、受小学教育人口、受高中教育人口占社会总劳动人口比重的变化，并不会对人力资本的总边际产出弹性产生实质性影响。受初中教育人口和大专及以上教育人口占社会总劳动人口比重的提升，特别是受大专及以上教育人口占社会总劳动人口比重的（同等幅度）提升，将能够更为有效地改善人力资本的总边际产出弹性，继而提高人力资本自身的总产出效率水平，以及提高人力资本要素对于我国经济增长的实际推动作用。

与前述相同，由于本书是以我国31省市的面板数据为基础而展开的实证分析，所以上面基于实证分析结果而对我国经济增长要素结构动力所进行的探讨，以及期间所得到的基本结论，在我国的各个地区也是普遍适用的。而且也正是基于这一原因，这里不再进一步从分地区的层面来对我国东、中、西三大区域经济增长的要素结构动力展开重复性论述。

二、要素结构动因

限于篇幅，这里没有对我国31省市1997~2009年的资本、劳动以及人力资本三个生产要素在各年的边际产出弹性值分别进行拟合和估算，而是依据实证分析所得到的结果，重点对 1997~2009 年全国及三大区域各生产要素在各年的实际边际产出弹性值分别进行了估算，并依据估算结果绘制出图 6~1、6~2、6~3 和图 6~4。需要说明的是，为了尽可能降低计算上的难度，并有利于说明这里所要重点阐述的问题，在基于全国层面对各生产要素的边际产出弹性值展开估算的过程中，本书没有考虑由于制度、基础设施建设等方面的因素所引起的各生产要素边际产出弹性在地区间所形成的差异。这虽然会使得依据估算所得到的结果与其实际值之间存在一定的偏差，但并不会影响到各生产要素边际产出弹性在整体上的变动趋势，更不会影响到各生产要素内部投入结构变动对于各要素自身边际产出弹性所形成的具体影响。此时的估算结果表明（见图 6~1），近些年来，对于我国的整体经济增长而言，资本要素的总边际产出弹性并没有出现提高的趋势，而劳动要素的总边际产出弹性虽出现一定的提高趋势，但总体的提升幅度还不是十分明显。与该两个生产要素不同，对于人力资本要素的总边际产出弹性而言，在近些年来表现出了显著的递增趋势。

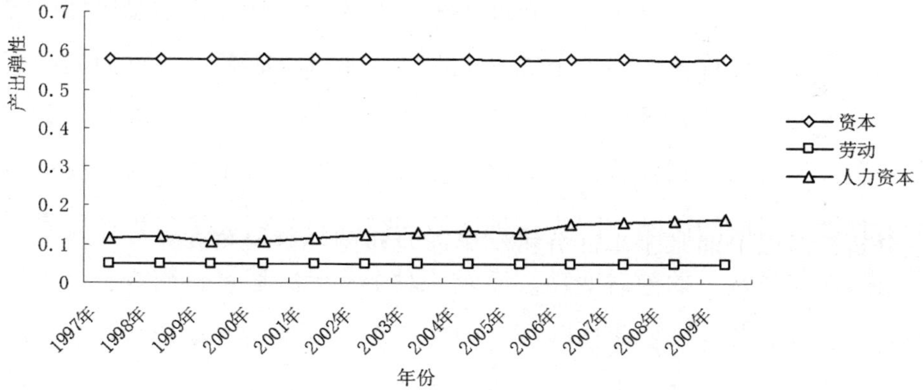

图 6~1　中国各生产要素边际产出弹性变动趋势

数据来源：根据第五章的实证研究结果进行估算后得到。图 6~2、6~3、6~4 同。

此外，如果从近年来各生产要素边际产出弹性的具体估算值来看的话，那么将能够更加直观地反映出各生产要素边际产出弹性在现实中所经历的这一变动过程。因为依据实证分析结果进行估算后所得到的数据显示，在1997年，我国资本、劳动以及人力资本三个生产要素的总边际产出弹性值分别达到0.577、0.049和0.118，而在2009年，这组数据又分别表现为0.577，0.050和0.166。通过对这两组数据进行纵向的比较，可以清楚地发现，除各生产要素的投入总量外，近些年来，资本内部投入结构所发生的变动，并没有改变资本要素自身的总产出效率水平，因此也就没有能够推动资本要素在现实中发挥出其自身对于我国经济增长所具有的结构动力。与此同时，劳动内部投入结构上所发生的变动，虽在一定程度上提高了劳动要素自身的总产出效率水平，但是该总产出效率水平所提升的幅度非常有限。因此可以说，近些年来，对于我国经济增长的劳动结构动力而言，在现实中也只是在很小的程度上得到了实现。而该期间我国人力资本内部投入结构上所发生的变动，不仅提高了现实中人力资本要素自身的总产出效率水平，而且该总产出效率水平所提升的幅度非常显著。这表明了，相对于资本和劳动要素的结构动力来说，我国经济增长的人力资本结构动力在现实中得到了更加有效的发挥和实现。

在对东、中、西三大区域内近年来三个生产要素各自的总边际产出弹性进行估算的过程中，本书考虑了由制度、基础设施建设等方面的因素所引起的各生产要素边际产出弹性在区域间的差异，而且同样需要说明的是，这样做也不会影响到各生产要素内部投入结构变动对于各要素自身总边际产出弹性所形成的影响，因为这种区域间差异只是引起了各生产要素边际产出弹性在数量上的绝对变动。而且，对于三大区域各自而言，由地区性差异而引致的各生产要素边际产出弹性所发生的绝对变动量，在各年间也是一致的。从近年来各生产要素边际产出弹性在分地区上的具体表现情况来看，首先，图6~2、6~3和图6~4显示，对于我国三大区域各自的经济增长而言，资本要素的总边际产出弹性没有表现出提高的趋势，劳动要素的总边际产出弹性虽在东部和中部地区呈现出了一定的提升趋势，但总体的提升幅度非常有限。然而，与该两个生产要素不同的是，对于上述三大区域而言，人力资本要素的总边际产出弹性不仅在近些年表现出明显提高的趋势，而且提升的幅度非常显著。可以发现，这些情况都与全国的整体情况相一致。与此同时，如果从三大区域近年来各生产要素总边际产出弹性的具体估算值来看的话，那么同样能够更加直观地反映出各区域内生产要素总边际产出弹性所经历的这些变动特征。具体而言，依据实证分析结果进行估算后所得到的数据显示，1997 年，我国东部地区资本、劳动、人力资本的总边际产出弹性分别达到 0.731、0.043 和 0.081，而在 2009 年，这组数据分别为 0.731、0.044 和 0.135；1997 年，我国中部地区资本、劳动、人力资本的总边际产出弹性分别达到 0.668、0.050 和 0.074，而在 2009 年，这组数据分别为 0.668，0.050 和 0.119；1997 年，我国西部地区资本、劳动、人力资本的总边际产出弹性分别达到 0.576、0.051 和 0.09，而在 2009 年，这组数据分别为 0.576，0.052 和 0.132。从这些数据上的变动和表现中，我们能够得到三个基本的结论：第一，除各生产要素的投入总量之外，对于我国东、中、西三大区域而言，资本内部投入结构近年来所发生的变动，都没有能够改变区域内资本要素的总产出效率水平，因此也就没有能够推动资本要素在现实中发挥出其自身对于各区域经济增长所具有的结构动力；第二，在我国的东部和西部地区，劳动内部投入结构近年来所发生的变动，虽在一定程度上提高了劳动要素自身的总产出效率水平，但是劳动要素总产出效率水平所提升的幅度也都非常有限；第三，对于三大区域而言，人力资本内部投入结构近年来所发生的变动，不仅提高了各区域人力资本要素自身的总产出效率水平，而且无论是从绝对数量上来看，还是从相对数量上来看，该种提升也都表现得十分显著和突出。因此综合前述一系列的相关讨论，我们同样能够发现，与资本结构动力和劳动结构动力两者相比，各区域经济增长的人力资本结构动力在近些年得到了更为有效的发挥和实现。

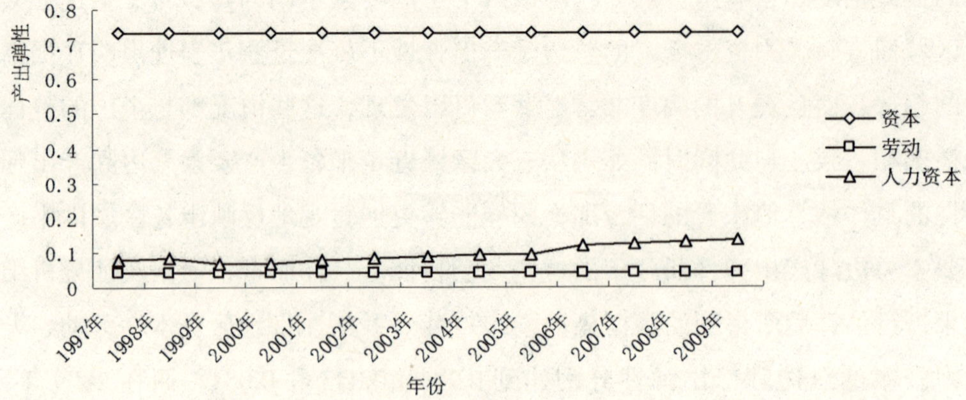

图 6~2　东部地区各生产要素边际产出弹性变动趋势

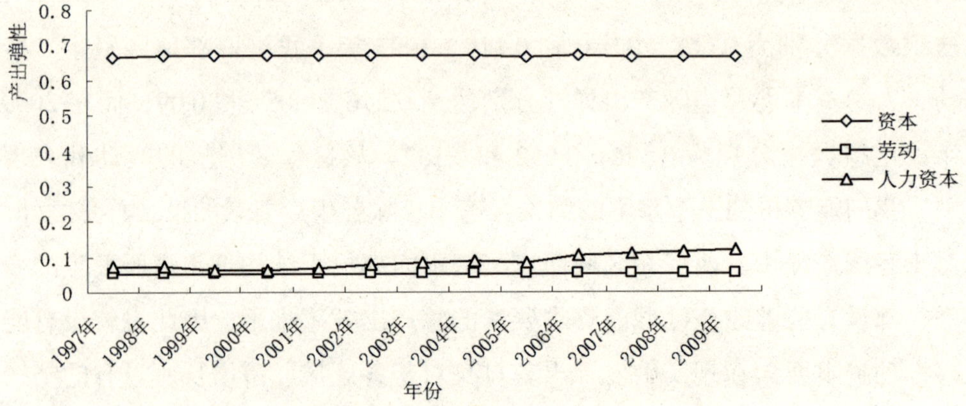

图 6~3　中部地区各生产要素边际产出弹性变动趋势

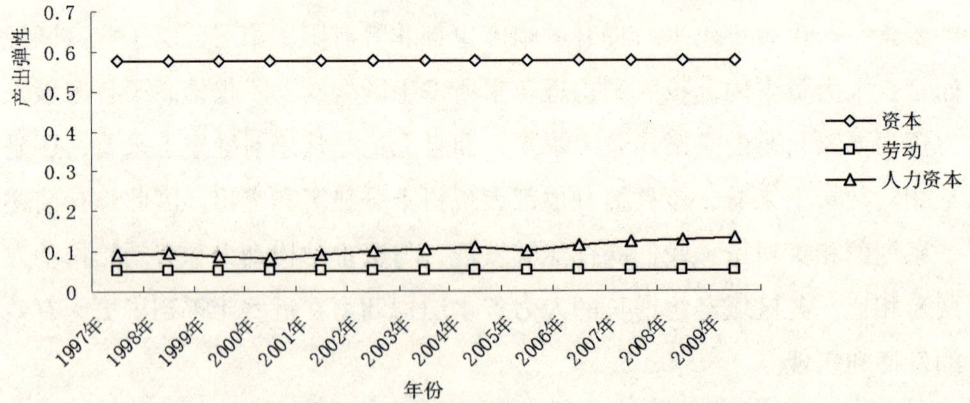

图 6~4　西部地区各生产要素边际产出弹性变动趋势

三、中国经济增长要素结构动力实际表现的原因

除前面的相关讨论之外，对近年来我国及各区域资本、劳动、人力资本三个生产要素的结构动力为何会在现实中表现出上述情况继续展开深层次挖掘，也是一件非常有意义的事情。结合第三章关于我国及各区域生产要素内部投入结构在近年来的变动趋势描述，以及结合第五章实证分析中所得到的基本结论，我们不难发现，对于资本结构动力没有能够在现实中得到发挥这一问题而言，应主要是由如下几方面因素的综合作用所导致：第一，虽然近年来我国及各区域内的资本内部投入结构在变动上表现得非常显著，但是其更多是由资本要素在二、三产业间的相互转移，以及社会新创造和引进的资本要素持续地投向二、三产业和在二、三产业间的不断转向所引致；第二，由于第一产业内的资本投入仅仅占据着社会总资本投入中很小的一部分，所以其在社会总资本投入中的比重虽在该期间经历了上下波动，并在整体上表现为一定程度的缩小，但其变动的幅度十分有限；第三，从实证分析所得到的基本结论中我们可以看到，尽管二、三产业资本投入占社会总资本投入比重的变动，对于资本总边际产出弹性所形成的影响在具体数值上存在一定的差距，但是与第一产业资本投入占社会总资本投入比重的（同等幅度）变动对于资本总产出弹性所形成的影响相比，这种差距还显得相对较小。而且，虽然资本要素的二、三产业间相互转移在这段时期内表现得最为活跃，但是总体而言，经过这样的持续变动以后，该两个产业内资本投入占社会总资本投入的比重并没有发生非常显著的变化，在当前，资本内部投入结构较之前也并没有发生非常明显的变动。总而言之，正是基于这些方面的原因，才使得近年来我国的资本内部投入结构虽在不断地发生变动，但资本总产出效率水平的改善，以至我国及各地区经济增长的资本结构动力，都没有能够在现实中得到实现和发挥。

其次，对于该期间我国及东、西部地区经济增长进程中所表现出的有限的劳动结构动力而言，均主要是由第一产业劳动人口向第三产业流动，

以及社会新增的劳动人口更多地流向了第三产业所促成。当然我们能够发现，除了向第三产业的大规模流动之外，劳动人口由第一产业向第二产业转移，以及社会新增劳动人口向第二产业的规模化流动，也是该期间劳动人口在产业间转移和流动方面所表现出的另一个较为显著的特征。从实证分析所得到的基本结果中可以发现，第二产业劳动人口占社会总劳动人口比重的提高，对于劳动总边际产出弹性的提升幅度，不仅要明显地小于第三产业，而且也要显著地小于第一产业。因此在这两方面作用的交织影响下，也就限制了劳动结构动力在现实中的更为充分发挥。

再次，结合我国近年来教育事业的整体发展背景，可以断定，对于该期间我国及东、中、西三大区域经济增长进程中所表现出的显著的人力资本结构动力而言，应主要是得益于国家近年来对于基本普及九年义务教育和基本扫除青壮年文盲这一“两基”战略的不断落实，以及自本世纪初以来对于高等教育事业的大规模扩张和推进。因为这不仅逐步降低了社会总劳动人口中文盲人口和受小学教育人口所占的比重，同时也限制了受高中教育人口占社会总劳动人口中的提升幅度，促进了受初中和大专及以上教育人口在社会总劳动人口中所占比重的稳步提升。

四、本章基本结论

鉴于前面的分析显得过于分散，因此在本章的最后，对前面分析所得到的基本结论进行一下总结，仍是十分必要的。

应该说，本章的讨论，主要是将前一章实证研究中所得到的主要结果，与第三章关于我国及分地区生产要素内部投入结构的变动特征两者相结合而展开的，并以此为基础，对近年来我国经济增长的要素动力和动因、近年来我国经济增长的要素结构动力和动因进行了探讨。在这一探讨的过程中，本章所得到的基本结论共包括以下四个方面：

1. 从生产要素的层面来看，对于我国的经济增长而言，在理论上，资本要素所具有的动力最为显著，人力资本要素所具有的动力次之，劳动要素所具有的动力最小。而从生产要素内部投入结构的层面来看，对于我国的经济增长而言，在理论上，人力资本要素所具有的结构动力最为显著，资本要素所具有的结构动力次之，劳动要素所具有的结构动力最小。

2. 同样从生产要素的层面来看，对于近年来我国的经济增长而言，在现实中，资本要素所形成的动力最为显著，劳动要素所形成的动力次之，人力资本要素所形成的动力最小。而从生产要素内部投入结构的层面来看，对于近年来我国的经济增长而言，在现实中，人力资本要素所形成的结构动力最为显著，劳动要素所形成的结构动力比较微弱，资本要素则没有能够发挥出其自身的结构动力。

3. 从经济增长要素结构动力的形成机制上来看，首先，资本要素的结构动力在现实中的发挥，要以资本要素更多地从一、二产业向第三产业内转移，以及社会新创造和引进的资本要素更多地被投向第三产业为前提。而近年来我国经济增长的资本结构动力之所以没有能够在现实中得到发挥，则主要是由于该期间我国的资本内部投入结构虽经历了不断的上下波动，但更多是体现在二、三产业之间，而且经过这种持续地上下波动，我国当前的资本内部投入结构并没有较之前发生明显的变化；其次，劳动要素的结构动力在现实中的发挥，要以劳动人口由一、二产业，特别是由第二产业向第三产业的大规模流动为前提。而近年来我国经济增长的劳动结构动力之所以只在东、西部地区得到有限发挥，主要是由于近年来所出现的劳动人口由第一产业同时向二、三产业的大规模转移所导致；再次，人力资本要素的结构动力在现实中的发挥，要以受初中和大专及以上教育人口（特别是受大专及以上教育人口）占社会总劳动人口比重的提高作为前提。而近年来我国及各区域在经济增长进程中之所以会表现出显著的人力资本结构动力，则主要是在于该期间国家对于“两基”战略的不断落实，以及自本世纪初开始大规模地推动高等教育事业发展，使得该两个教育阶段的劳动人口在社会总劳动人口中所占的比重取得了持续提高。

4. 除了上述基本结论之外，在理论上来看，对于近些年我国各区域的经济增长而言，其自身还存在着有别于其他区域的要素动力优势。对于东部地区的经济增长来说，这种优势主要体现在资本要素动力方面；对于中部地区的经济增长来说，其资本要素动力虽低于东部地区，但又要明显地高于西部地区；对于西部地区的经济增长来说，这种优势则主要体现在人力资本要素动力方面。而且在理论上来看，对于中、西部地区来讲，其两者自身经济增长所具有的劳动要素动力，也要略高于我国的东部地区。

第七章

中国生产要素内部投入结构存在的主要问题和原因

前述的研究证实了，在内部投入结构表现合理的情况下，无论对于资本、劳动或人力资本哪个生产要素来讲，都能够对我国的经济增长形成强劲的结构动力。因此各要素的结构动力在现实中的表现差强人意，直接就说明了我国生产要素的内部投入结构在近年来还存在着一些问题。而且经过深层次的分析和讨论后我们能够发现，对于这些问题的出现，也都有着各自的现实原因。

第一节 资本内部投入结构存在的主要问题和原因

一、主要问题

虽然前面对我国经济增长的要素结构动力进行分析时指出了，对于现阶段和未来一段时期我国的经济增长而言，资本要素的结构动力在现实中的形成和有效发挥，要以二、三产业资本投入占社会总资本投入比重的不断提高作为基本前提。但是这里需要说明的是，关于这一论断，更多是基于实证研究所得到的基本结果而进行理论上的解读后得出，其并未真正考虑到我国生产要素内部投入结构在近年来的实际表现情况。因为从第三章的分析中我们可以发现，自实施社会主义市场经济体制改革以来，我国第一产业资本投入占社会总资本投入的比重，始终仅仅占据着很小的一个部分。这也就决定了，依靠第一产业内的资本要素向二、三产业大幅转移来促进资本要素的结构动力在现实中的发挥，并不能够成为一条真正的可行途径。也正是基于此，在对我国经济增长要素结构动力的实际表现原因进行分析时本书进一步指出了，资本要素的结构动力在今后经济增长进程中的切实有效发挥，更多地要以第二产业内的资本要素大规模流向第三产业，以及社会新创造和引进的资本要素更多地被投向第三产业，继而全面提高第三产业资本投入占社会总资本投入的比重作为根本前提。

然而从第三章的相关描述中我们又能够看到，尽管资本内部投入结构在近年来发生了持续的变动，但并不是表现为由第二产业向第三产的单向转移，而更多体现的是在二、三产业间的双向流动，而且在很多新的社会资本被不断地被投向第三产业的同时，也有很多新的社会资本在该期间被投向了第二产业，在这两方面的共同作用下，导致了第三产业资本投入占社会总资本投入的比重在近些年始终没有得到显著的提升。而这里所需要进一步指出的是，第三产业资本投入占社会总资本投入比重始终没有表现出提高的趋势，也是我国资本内部投入结构在近些年所存在的突出问题。因为从我国的现实国情来看，在城乡二元经济社会结构的长期隔离和限制下，资本要素在二、三产业间流动所面临的壁垒和障碍，要远远小于其从第一产业向二、三产业的流动。也就是说，资本要素从第二产业向第三产业的大规模流动，不单单有其现实的基础，而且也是能够在现实中真正得以实现的。

二、问题出现的原因

虽然本书重点研究的是我国长期经济增长问题，但是如果试图对我国资本内部投入结构在现阶段存在问题的原因进行讨论的话，则应该立足于短期视角。因为对于第三产业资本投入占社会总资本投入的比重在近年来始终没有能够取得显著提升这一问题来讲，主要就在于我国现阶段的经济增长还侧重于依赖于出口上的带动。具体而言，自国家相继实施改革开放战略和社会主义市场经济体制改革以来，以及我国在本世纪初成功加入 WTO 以后，我国经济发展的外向型特征表现得愈加明显，整体的对外开放结构也由最初的只与少数发展中国家之间建立单边贸易关系，向同时与发展中国家和发达国家之间建立多边贸易关系转变。而随着期间我国工业化进程的不断向前推进，以及我国整体贸易结构的逐步完善，在近些年来，不仅出口贸易在我国国民经济中所扮演的角色变得越来越重要，我国的出口商品结构也较之前发生了较大的变化。这其中表现得最为明显的两个方面就是：在国际产业链深化分工和不断延伸的过程中，我国成为了国际产业转移的主要承接地，并逐渐演变成为全球最大的制造业中心；随着商品出口数量和规模的不断提升，以工业加工品和工业制成品为主要代表的一批工业产品，逐渐取代了以农副产品为主的初级产品，在我国所出口的商品中先后占据了最为重要的地位和比重。与此同时，在这一进程中，很多的社会民间资本，也非常热衷于投向第二产业，以加入到工业产品的加工和制造行列之中。虽然自实施社会主义市场经济体制改革以后，我国的第三产业在整体上取得了更为快速推进，产业内的资本投入数量每年大幅提升，但是在巨大国际需求的刺激下，第二产业在国民经济中所占的比重，以及第二产业资本投入占社会总资本投入的比重，并没有表现出明显的扭转和下行趋势。从实际表现上来看，在该期间，很多工业企业为了提高自身的产品供给能力，往往热衷于追加资本要素的投入，以扩大企业的建设和生产规模，而且对于一些新创造的社会资本和进入我国的国外资本要素而言，也在巨大国际需求的刺激下被不断地吸引到了第二产业之中。这也就使得即便是在实施市场化改革以后，我国第二产业内的资本要素始终没有出现大规模地向第三产业转移的态势，继而使得第三产业资本投入占社会总资本投入的比重，在该期间始终没有能够表现出明显的提升趋势。但是需要注意的是，前面实证研究所得到的基本结论表明，这是一种非常典型的以规模和产量来置换效率的经济增长方式，因为对于该种增长方式而言，所促成的资本内部投入结构状况并不利于资本要素的结构动力在我国经济增长进程中的形成和有效发挥，并且同时也导致了近些年我国的经济增长虽主要依赖于资本要素的推动，但资本要素的总体产出效率水平始终没有得到明显改善这一现实窘境的持续存在。

第二产业资本投入占社会总资本投入比重的提高为何会不利于资本要素的结构动力在我国现实经济增长中的形成和有效发挥？一个相对合理的解释是，随着很多工业企业不断地追加投资、扩大生产规模，以及新的社会资本要素不断向第二产业的涌入，使得近年来我国的工业产品所面临的需求约束变得越来越严重，造成大量的工业企业生产能力过剩，其集中地表现为我国工业产品供过于求的矛盾日益突出、很多工业产品大规模积压。因为从我国产能过剩的行业和项目分布上来看，主要就存在以下两方面的特征：一是多集中在资本密集型的重化工业行业领域，如钢铁、电力、汽车、石化、建筑材料等重工业行业。而且对于这些行业而言，还与我国新一轮的以重化工业为主导的经济增长周期之间存在着较为密切的联系；二是多分布在政府独资或政府主导下的投资占有相当大的规模和比重的工业企业。在这些企业之中，相当部分的建设项目通常是由中央政府部门审批，中央企业在行业投资中一直处于主导性地位，而且这其中的一些项目甚至还属于"有保有压"政策下的鼓励项目。总之，由于这些工业企业的生产能力过剩，导致很多企业的生产能力曾一度闲置，继而直接降低了产业内资本要素的产出效率水平。除此之外，大量工业产品的积压，也在一定程度上降低了我国工业产品的国内外市场价格，因此也在现实中间接地对我国资本要素的产出效率水平产生了负面影响。可以十分肯定地说，近年来我国国内所形成的这种以规模换效率的外向型工业增长方式，不仅使得我国的整体经济增长很容易受到国际经济局势波动所带来的巨大冲击的影响，也将不利于我国经济在未来的继续快速增长和持续健康发展。

第二节　劳动内部投入结构存在的主要问题和原因

一、主要问题

劳动内部投入结构所存在的问题，突出体现为我国第二产业劳动人口占社会总劳动人口的比重在近年来不仅没有出现下降，反而还表现出了逐渐提高的上升趋势。虽然国内外的很多学者都曾一致认为，自实施改革开放以来，中国劳动人口从广大农村地区的第一产业向城市地区二、三产业的大规模转移和流动，极大地改善了劳动人口的总产出效率水平，继而更为有效地发挥了劳动要素对于中国经济增长的整体推动作用，但是从第五章实证研究所得到的基本结论中我们能够发现，这种观点是有待商榷的。本书的实证研究结果显示了，虽然三次产业劳动人口占社会总劳动人口比重的提高，都有利于促进我国劳动人口整体产出效率水平的提升，但是与第一产业和第三产业相比，第二产业劳动人口占社会总劳动人口比重的提高，对我国劳动总产出效率水平提升的促进作用，还是要表现得明显偏低。当然，这也证实了在第三章中所曾作出的推断：即虽然近些年我国城乡之间在经济发展水平、人均收入水平、市场化完善程度，以及基础设施建设水平等方面一直存在着巨大的差距，但是由城乡二元经济社会结构引致的生产要素在城乡间合理有效流转所面临的诸多障碍，很可能会对生产要素在城乡之间的有效配置产生较大的现实影响。而且在后面的分析中我们将看到，也正是由于劳动人口从第一产业向第二产业的过度转移和流动，才引致了这种影响在现实中产生和出现。所以单单是依据发展经济学的基本经济理论，或者仅仅是参照一些发达国家所总结出的基本实践经验，就在不考虑我国基本现实国情的情况下，草率地断定生产要素在我国城市地区的二、三产业之内一定会具有更高的产出效率水平，无疑是缺乏应有的事实根据的。与此同时，这也从另一个角度说明了，由于我国一直属于一个传统型的农业大国，以家庭经营为基础的传统小农生产方式也仍然在当前农业的生产中占据着主导地位，因此对于我国第一产业内的劳动人口数量以及其在我国总劳动人口中所占的比重在近些年来仍然明显偏高这种境况，并不能简单地看成是我国劳动内部投入结构所存在的一个问题。因为从我国的总体经济发展进程以及我国农业自身所处的发展阶段上来看，这种境况的实际存在，不仅是相对合理的，而且也是有其现实依据的。

二、问题出现的原因

对我国劳动内部投入结构在近年来实际表现的原因进行分析，能够更加有利于我们直观地理解在上段描述中所做出的这些论断。应该说，我国劳动内部投入结构在近些年来的实际表现，以及其间所出现的第二产业劳动人口占社会总劳动人口的比重不仅没有出现下降，反而还呈现出逐渐地提高这一问题，主要与以下三方面的具体情况有关：一是和我国资本要素内部投入结构在近年来的实际表现或存在问题的原因相类似，即如果从短期视角来看的话，那么我们就能够发现，我国近些年的经济增长还十分侧重于依赖出口上的带动。然而按照赫克歇尔——俄林最初所建立的新古典国际贸易理论，在经济全球化日益加深和国际产业链分工日益深化的背景下，一个国家国际贸易活动的有效开展和逐步取得扩大，要以其自身比较优势的建立和充分发挥为前提。当然，在现实中，多数国家也都是以其自身所具有的比较优势为基础来开展国际贸易活动的。但是与开展国际贸易活动的其他发展中国家相比，以及特别是与开展国际贸易活动的世界发达国家相比，我国在劳动力成本上不仅具有着实际上的比较优势，而且还表现得非常的显著和突出，尽管相关的研究表明这种比较优势在程度上正逐渐地趋于下降和缩小[*]。进一步而言，在国家不断加大对外开放力度，以及更加广泛地与世界各国开展对外贸易活动的现实背景下，实施社会主义市场经济体制改革以后，我国很多以出口为导向的工业企业为了能够最大限度地节省生产上的成本，以在国际市场中充分地发挥出自身的比较优势，

---

* 例如，中国社会科学院经济学部“中国经济形势分析与预测”课题组针对我国沿海地区所展开的调研就显示，在未来的若干年内，我国的劳动力成本将以每年15%左右的速度进行递增。这无疑将会逐渐削弱我国以廉价劳动力成本为核心的传统出口竞争优势，继而也就会不利于我国出口规模的长期稳定增长。当然，这也将会为我国出口市场的多元化和外贸企业的转型升级带来“倒逼”压力。具体可参见：社科院：《企业劳动生产率“跑快”工资涨幅才能活》，一财网，http://www.yicai.com/news/2012/04/1666002.html，2012年4月25日。

除了注重于通过追加投资来扩大企业自身的生产规模外，在对于生产要素的选择上，还表现出了更加热衷于多投入劳动要素的基本倾向。而且与在投入资本要素方面所持有的基本理念相比，对于劳动要素的投入而言，也非常乐于用规模和产量来置换效率。如近些年很多工业企业内所出现的大规模招工扩员现象，正是这一情况的真实写照。而且从现实来看，对于这种大规模的招工扩员现象，在我国东部沿海地区的一些出口和外贸企业内表现得最为突出；二是与阻碍劳动人口在城乡间迁移和流动所面临的障碍逐渐得到削弱，以及我国的农业生产经营效率在近年来不断取得提高有关。因为尽管我国的城乡二元经济社会结构一直在现实中存在，但是随着社会主义市场经济体制改革的逐步深化，近些年来，阻碍劳动人口在我国城乡间流动的各种障碍无疑逐渐得到了瓦解，这同时也就在一定程度上降低了我国劳动人口在城乡间迁移时所面临的成本。另一方面，由于我国农村地区的人口基数庞大，农业人口数量始终占据着全国人口总量的一半以上，因此随着农村家庭联产承包经营责任制在近年来的逐渐巩固和不断得到完善，即便是在小农生产仍然占主导地位的传统农业生产经营模式下，我国的农业生产经营效率在近年来还是取得了较大幅度地提升，并促进了更多的隐性农村剩余劳动人口顺利地从农业生产中显现和解放出来。而对于这些显性的农村剩余劳动人口来讲，自身无疑又具有着极强的迁入城市地区的倾向。与此同时，尽管我国的第三产业在该期间取得了更为长足地发展，并且也为社会创造并提供了很多新的就业机会，但是其当前的发展规模决定了其自身仍没有能力完全吸收掉这些农村剩余劳动人口；三是与我国农村劳动人口自身的态度和认识有关。应该说，与我国广大的农村地区相比，近些年来，城市地区无论是在基础设施建设上，还是在公共服务水平上，都要显得更加的完备和先进。在城市地区便利的基础设施条件，以及城市户籍等方面的巨大诱惑和吸引下，对于广大农村地区的劳动人口而言，在向城市地区转移和流动的过程中往往具有着很大的盲目性。随着一些农村剩余劳动人口向城市地区的转移和流动，很多农村地区的青壮年劳动力，也采取了跟风式的态度，不仅缺少对本地区农业发展实际的考虑，还盲目地大规模向城市地区聚集。如近几年很多农村地区所出现的空心村、农村老年人口逐渐演变成为农业生产的主力军，以及农村留守儿童问题逐渐变得愈加严重和突出等现象，都是基于此种情况才产生和出现的。与此同时，在这一转移和流动的过程当中，由于我国第三产业的整体发展规模仍相对有限，无法全部吸收掉这些从第一产业内释放出来的劳动人口，因此对于大量的劳动密集型第二产业而言，必然成为了很多农村劳动人口所旨在迁入的理想对象，从而也就造成了劳动人口从第一产业向第二产业过度转移和流动的现象*。

第三节　人力资本内部投入结构存在的主要问题及原因

一、主要问题

前述关于我国经济增长要素结构动因的分析表明了，与资本和劳动两个生产要素相比，在我国的经济增长进程中，人力资本要素的结构动力不仅在理论上表现得更为突出，而且其在现实中也着实得到了更好的发挥。然而，这并不意味着我国的人力资本内部投入结构在近年来就不存在问题。从现实来看，我国的人力资本内部投入结构不仅存在问题，而且其恰恰就表现为受高等教育人口在社会总劳动人口中所占的比重，在近年来还明显

---

* 赵文军和于津平（2012）对 2000—2010 年间中国工业经济增长方式变化特征的分析也表明，中国工业经济增长方式的粗放型特征在近年来不仅不存在弱化趋向，反而还出现了不断强化的现象，具体参见：赵文军，于津平 .《贸易开放、FDI 与中国工业经济增长方式——基于 30 个工业行业数据的实证研究》[J].《经济研究》，2012,（8）: 18-31.

偏低。尽管实证研究结果昭示了，我国经济增长的人力资本结构动力在现实中的产生，除了得益于受初中教育人口在社会总劳动人口中所占的比重近年来逐步提升之外，更主要在于受高等教育人口在社会总劳动人口中所占的比重近些年也取得了稳步攀升。但这里仍需注意的是，与和我国经济发展水平相当的国家的国际平均水平相比，我国受过高等教育人口的规模和在社会总人口中所占的比重都还相对偏低（岳昌君，2004）[121]。而且在近些年以来，我国受过高等教育人口在社会总人口中所占的比重也始终处于世界人口大国的中下游水平，与其中的 OECD 国家之间的差距十分明显（刘笑飞，2007）[122]。从具体数据上来看，我国高等教育的毛入学率与中等偏上收入国家平均水平相比落后 15 年左右，与发达国家相比落后 30 年以上（陈至立，2007）[123]。这些都间接地表明了，对于我国经济增长的人力资本结构动力而言，在现实中仍有着很大的改善和提升空间。然而我们发现，虽然《国家中长期教育改革和发展规划纲要（2010–2020）》中明确提出我国高等教育的毛入学率到 2020 年要达到 40%，但是即便能够如期地实现这一目标，我国高等教育的毛入学率也无法达到世界中等发达国家在 2005 年所处的水平。除此之外，这里还需要注意的一点是，与资本和劳动两个生产要素不同，受高等教育人口在社会总劳动人口中所占比重的偏低，除了会制约人力资本要素的结构动力在我国经济增长进程中的更为充分发挥之外，同时也会限制我国劳动人口在人均人力资本水平上的更加快速提升。而从本书实证研究中所得到的基本结果来看，这无疑也就会在一定程度上限制人力资本要素动力在我国经济增长进程中的更为有效发挥，从而进一步降低人力资本要素对于我国经济增长所形成的实际推动作用。

二、问题出现的原因

当然，受高等教育人口占社会总劳动人口比重的偏低，主要是与我国高等教育事业自身在整体的发展规模上还相对较小有关，而如果从我国教育事业自新中国成立以来的总体发展历程上来看，我们又不难发现，我国高等教育事业整体发展规模上的相对较小，又主要是与我国的高等教育事业自身在发展进程上还明显滞后有关。因为尽管自 1978 年开始恢复高考制度以来，我国的高等教育事业在发展的规模上取得了递推式地扩张，但是截止到目前，我国的高等教育事业也仅仅走了 30 多个年头，与世界上的一些发达国家和地区相比，其在总体上的发展时间无疑还显得相对较短。因此如果从这个意义上来讲，我们很可能会形成如下观念：对于近年来以及当前我国受高等教育人口占社会总劳动人口的比重相对偏低这一现象而言，是有其合理性原因的，或者也可以说其根本不应该被看做成是一个问题。但是有必要指出的是，对于我国高等教育事业的自身发展规模在当前仍相对较小这一情况来讲，除了是由于其自身的发展时间相对较短以外，还有着其他多个方面的促成因素。而且也正是由于这些因素的存在，才使得受高等教育人口占社会总劳动人口比重的偏低成为了我国人力资本内部投入结构于现阶段所存在的一个主要问题。进一步来说，这些因素又主要包括以下四个方面：其一，在基础教育和高中教育阶段，对于我国广大的农村地区而言，无论是在教学质量上，还是在学校的基础设施建设水平上，抑或是在整体的发展进程上，都始终并远落后于城市地区。因此，无论是在过去一段时期内，还是在当前，对于我国农村地区的大量在校学生来说，大都接受着相对不平等的教育机会，以至于其在基础教育阶段和高中教育阶段就与城市地区的学生之间形成了较大差距，进而也导致了广大农村地区的学生进入高等教育院校所面临的门槛一直相对偏高，其进入高等教育院校所面临的难度始终相对较大；其二，地区间高等教育事业的非均衡发展，也是导致我国高等教育事业整体发展规模相对较小的一个现实原因。从实际情况来看，我国某些地区高校云集，而在另外一些地区，尤其是在中西部地区的大多数省份，无论是大学的数量、规模，还是大学的质量、水平，抑或是在校学生的总人数，都要比东部地区落后和少得多*。而在我

* 如武汉大学中国科学评价研究中心于2007首次评出的我国9大高等教育省市之中，除湖北和陕西省之外，剩下的 7 个省市全部都属于我国的东部地区。

国当前的招生和入学制度下，各地区的高等教育院校在面对生源问题上还存在着很强的地方保护倾向，因此，不仅是中西部地区的多数省份，即便是在我国东部地区的一些高考大省，如山东、江苏等地，一方面由于其自身的高等教育事业整体发展规模还相对较小，一方面本省内每年参加高考的学生规模和数量又相对庞大，所以每年也都会出现大量的考生高考落榜，继而不能成功地进入到高等教育院校继续接受教育的现象；其三，近年来国内所出现的高等院校毕业生就业难问题，也挫伤了很多人主动接受高等教育的积极性。因为依据人力资本理论，人力资本投资是效益最佳的投资，对其投资的目的就是为了能够在未来获得可观的收益。这也就意味着，对于劳动者自身而言，对人力资本所进行的投资，也主要是以“成本——收益”上的最大化作为基本准则。因此，近几年所出现的高等教育院校毕业生就业难这一现象，必然会在一定程度上降低人们对于更高水平的人力资本进行投资后所能够带来的收益预期，继而也削弱了人们主动接受高等教育的积极性。可以说，这无疑也在一定程度上制约了我国高等教育规模的更为快速扩张和推进*；其四，与世界上的一些发达国家和地区相比，在我国的大陆地区，近些年来一直存在着重本科、轻专科，重公办、轻民办的思想观念。与民办高等院校和普通专科院校相比，人们对于公办本科院校往往具有着更大的现实需求，相对于这一点来说，公办本科院校自身在整体的发展规模上无疑还显得非常小。因此这一方面造成了公办本科院校虽面临着较大的现实需求，但自身在学生的招生和培养能力上还相对不足，一方面又使得大多数的民办高等院校和专科院校在发展的规模上难以取得有效推进和扩张，进而间接地导致了我国大陆地区高等教育体系在发展进程中的扭曲和整体高等教育事业在发展进度上的相对缓慢。

---

* 值得我们注意的是，岳昌君（2004）[122] 的研究还表明，对于近几年我国所出现的高校毕业生就业难问题，并不具有长期性特征，其只是一个短期的社会现象。

第八章

对策建议与未来研究方向

从目前来看，关于生产要素内部投入结构变动对于经济增长影响的讨论，仍属于一个比较新的研究领域，在该一领域之内，也存在着很多值得我们进一步关注和探讨的问题。而且能够肯定，随着我国“转方式”和“调结构”战略的不断落实，在今后，与生产要素内部投入结构与经济增长两者间的关系有关的话题，必将成为国内学术界所广泛关注的焦点。与此同时，虽然本书所开展的研究仅可看做是生产要素内部投入结构与经济增长关系研究的一个开端，但是所得到的基本结论仍然表明，对于国家所出台的“十二五”规划建议而言，还具有进一步改进和提升的空间。

第一节　对策建议

如果说生产要素投入总量的增加，是我国经济实现外延式快速增长的基本前提的话，那么为推动我国经济向内涵式的又好又快增长和发展转变，则决定了我们除了要仰仗于要素投入总量的增加之外，还要依赖于要素产出效率水平的不断改善和提升。而从相关的理论来看，生产要素的产出效率水平能否在现实中得到有效的改善和提升，主要就取决于其各自的内部投入结构状况是否能够促成其自身对于我国经济增长的结构动力在现实中的有效发挥。然而前述研究所得到的基本结论却表明，除了人力资本要素以外，对于资本和劳动两个生产要素而言，对我国经济增长的结构动力在市场经济体制改革以来的表现还差强人意。与此同时，人力资本要素对我国经济增长的结构动力虽在近些年得到了一定的发挥，但还有进一步改善和提升的空间。这也就意味着，为了能够推进我国经济的又好又快增长和发展，在未来较长的一段时期内，改善生产要素的内部投入结构将成为我国经济结构调整和改革的核心。

从途径上来看，在现实中，对资本、劳动、人力资本三个生产要素的内部投入结构进行调整，必然又主要落在了产业结构调整和教育结构调整两个方面。因此从这个意义上来讲，其也就与国家所提出的以“转方式、调结构”为重点的“十二五”经济发展战略不谋而合。此外，为发挥技术进步对于我国经济增长的递增效应，在今后，全面提升我国的自主创新能力，加快创新型国家的建设进程，也将成为今后我国经济发展的另外一个重点。在这样的一种现实背景下，“十二五”规划提出了大力提高科技创新能力、促进我国经济增长向依靠第一、第二、第三产业协同带动转变，营造环境推动服务业大发展等建议，作出了巩固九年义务教育普及成果、基本普及高中阶段教育、全面提高高等教育质量，以及大力促进中部地区崛起和坚持把实施西部大开发战略放在区域发展总体战略优先位置等决定。可以说，系列的政策建议和决定虽立足于我国的短期经济发展问题，但对于我国未来的长期经济走向而言，其也具有着较高的战略指导意义，并且也有利于推动我国经济在未来较长一段时期的又好又快增长和发展。然而从本书的研究来看，为了能够更加有效地提高各生产要素的配置和产出效率，以全面地促进我国经济增长的要素结构动力在现实中的形成和发挥，以及充分发挥我国各地区经济增长的要素动力优势，在落实上述政策和决定的过程当中，还需重点做到下述的三个方面。

一、适度促进生产要素跨产业转移

由于与二、三产业相比，我国第一产业资本投入占社会总资本投入的比重在近年来一直相对偏低，而且对于我国当前的农业发展而言，自身又尚未摆脱以家庭经营为基础的小农经济模式，在整个农业生产过程中，仍然对大量的农业劳动力有着现实上的需求。因此即便是在以加快发展现代农业、促进三次产业协同发展等作为经济发展指导思想的“十二五”时期，我国服务业的大发展，也应重点以第二产业内的资本和劳动要素更多地向第三产业转移，以及社会上的新增资本和劳动要素更多地流向第三产业为基础。具体而言，在推动社会新增资本和劳动要素更多地向第三产业流动，以及改造提升传统制造业和培育发展战略性新兴产业的过程当中，应全面提高第二产业内资本和劳动要素的配置和使用效率，充分释放产业内的过剩生产能力，并以此为契机，推动第二产业内的过剩资本和劳动要素更多地向第三产业转移。从目前我国整体的工业布局上来看，这一做法对于我国的东部地区尤为重要。而对于我国的中西部地区，特别是对于我国的广大西部来讲，则应该在承接东部地区第二产业转移的过程中，按照产业发展的实际需求，来稳步地推动资本和劳动要素向第二产业转移，以在第二产业内更好地配置资本和劳动两种要素资源，避免在产业内形成过多的过剩生产能力。

这里还需注意的一点是，虽然与世界上的发达国家和地区相比，我国当前第一产业内劳动人口的数量及其占总劳动人口的比重都明显偏高，但是在“十二五”期间以及未来较长的一段时期内，仍要尽量避免农村劳动人口向城市地区过度转移和流动现象的发生。在此基础上，根据我国各地区的农业自身发展实际，随着各地区现代化农业进程的不断推进、农业生产效率的不断提高，来稳步地推动农业剩余人口向城市地区转移。最终，借助于资本要素由第二产业向第三产业的大幅度转移，劳动要素由一、二产业向第三产业的大规模流动，以及社会新增的资本和劳动要素更多地流向第三产业，来充分发挥两个生产要素对于我国未来经济增长所具有的结构动力，以促进我国经济在未来的持续快速增长。

二、全面推进高等教育事业快速发展

除了能够更为有效地提高我国劳动人口的平均人力资本水平，继而有利于提升我国未来经济增长中的人力资本要素动力之外，为了能够更为有效地发挥人力资本要素对于我国经济增长的结构动力，在今后统筹发展各级各类教育事业的进程中，继续加快完善落实九年制基本义务教育制度、大力推进高等教育事业的快速发展，对我国而言也是一个重要的选择。然而在“十二五”规划纲要中，国家虽提出了要继续巩固九年义务教育普及成果和基本普及高中阶段教育，但并没有进一步地提出要继续大力发展高等教育事业。客观来讲，近几年所出现的高等教育院校毕业生就业难问题，着实为我国高等教育事业的持续扩招带来了一定的现实压力，并且在客观上增加了我国高等教育事业在规模扩张上所面临的难度。但是从根源上来讲，我国高等教育院校毕业生的就业难与高等院校继续扩招两者之间并无本质和必然的联系，因为从实际情况来看，我国高等院校毕业生的就业难实际上属于结构性失业问题，即绝大多数高等教育院校的专业设置并不能完全地适应快速变化的市场需求，从而才造成了人才供需市场配置上的时间差，导致了人才供求上的错位。而且随着“转方式，调结构”战略的不断落实，未来我国的经济发展对于大量高素质人才仍将具有着较大的现实需求。因此为全面提高人力资本要素对于我国经济增长的要素动力，并同时提升人力资本要素自身的产出效率水平，在“十二五”及未来一段时期内，国家应以高中阶段教育事业的逐渐普及为契机，继续逐步扩大高等教育院校的招生规模，并促进各地区高等教育事业发展的均衡化，促进本科教育与专科教育、公办（高等）院校与民办（高等）院校之间发展的同步化。与此同时，各高等院校也应以市场上对于各类专业人才的需求为导向，对其自身的专业设置实施动态调整，借此来全面推进我国高等教育事业的更加快速和规模化扩张，以为我国人力资本总量和平均水平在今后的更加快速提升，以及为我国人力资本内部投入结构在未来的更为有效改善提供强有力的保障。

三、合理引导生产要素跨区域流动

正如在第六章的分析中所提到，对于我国的东、中、西三大区域而言，其自身的经济增长具有着与其他地区所不同的要素动力优势。而在“十二五”规划纲要之中，也提及了要通过推进新一轮的西部大开发战略和大力促进中部地区顺利崛起，来促进生产要素在区域间的合理转移和流动，以在我国的中西部地区培育新的区域经济增长极的发展目标。从各区域经济增长的要素动力优势上来看，对于我国的东部地区而言，其未来经济增长更为需要的是不断追加资本要素的投入；对于我国的西部地区而言，其未来经济增长更为需要的是不断追加普通劳动力和高素质人才的投入；对于我国的中部地区而言，其未来经济增长对于追加资本、劳动和人力资本要素的投入都具有着较大的现实需求。这也就意味着，全面落实新一轮西部大开发战略，推动西部地区经济的快速增长，要以我国东部地区的劳动要素和高层次人才更多地向西部地区转移作为支撑。而促进中部地区的经济快速腾飞，则要以东部地区的资本、劳动和人力资本要素同时向中部地区大规模流动为支撑。因此，为促进生产要素在区域间形成最优的配置结构，以实现区域间经济的协调发展，在“十二五”及未来一段时期，国家应制定和采取针对性的战略措施，以在继续积极支持东部地区发展的同时，推进东部地区资本要素适度向我国的中部地区转移，促进东部地区劳动要素同时向我国的中、西部地区流动，并在引导东部地区高层次人才向中、西部地区大规模流动的过程当中，重点推动其更多地向我国西部地区流动。总之，要通过推动生产要素在区域间的合理转移和流动，来为我国中、西部地区经济增长的要素结构动力在现实中的更好发挥奠定基础，为中、西部地区新的增长极在未来的真正形成创造有利条件。此外，推进中、西部地区教育事业，特别是中、西部地区高等教育事业的更加快速发展，并通过建立相应的人才投入和留住机制，来提高中、西部地区自身对于人力资本的开发、培养和吸收能力，也是今后的一个重点选择。

第二节　未来研究方向

本书以三次产业及教育的层次结构为划分，从理论和实证两个维度，对资本、劳动和人力资本三个生产要素的内部投入结构变动对于我国经济增长的影响进行了论证和探索。在此基础上，本书进一步对我国经济增长的要素动力和动因、要素结构动力和动因展开了讨论，对我国生产要素内部投入结构在当前所存在的主要问题进行了挖掘。在最后，本书以促进我国经济在未来的又好又快增长和发展为导向，提出了几点主要的对策建议，指出了我国生产要素内部投入结构的未来调整方向及相关政策措施。然而必须要指出的一点是，对于本书的研究而言，所涉及到的内容还非常有限。可以说，对于生产要素内部投入结构变动影响我国经济增长的相关探讨，不但仅仅只是一个开始，而且也还远远没有宣告结束。在今后，至少有四个重要的问题需要我们进一步来进行解答。

第一，虽然生产要素的内部投入结构状况在很大程度上决定了要素自身的产出效率水平，但是需要注意的是，随着经济发展阶段的不同，以及期间三次产业自身在产出效率水平上的变化、各阶段教育事业在培养和提高人力资本效率方面的改变，以至整体经济发展对于各生产要素需求和依赖程度的变动，对于各个时期经济增长的要素结构动力来说，其在现实中的有效发挥往往需要不同的要素内部投入结构。因此，为了能够持续促进我国经济在未来的又好又快增长和发展，在未来一段时期，对于资本、劳动以及人力资本三个生产要素的内部投入结构与我国经济增长之间的最优匹配值（或者说最优契合点）进行动态的探索和确定，是需要我们进一步研究的问题。

第二，从现实中来看，对于三次产业而言，其内部分别包括不同的行业，而且从已有的一些相关研究所得到的基本结论来看，资本和劳动两个生产要素在各行业内的产出效率水平往往也存在着一定的不同。因此从各行业的角度进行切入，探讨行业间资本和劳动内部投入结构与经济增长间的关系，对于加快推进中国的经济增长来说，无疑具有着非常重要的现实指导意义。

第三，对于各阶段的教育事业而言，其分别包括不同的教育类别，如从高中阶段的教育来看，既包括普通高中教育，又包括中高等职业教育；从大专及以上阶段的教育来看，除了包括专科教育之外，还包括普通本科教育和硕博教育。一般来说，由于专业设置、培养方式等方面的不同，使得同一教育阶段的不同教育类别在培养和提升人力资本方面往往还存在着一定的差异，继而也就会对我国的现实经济增长产生不同程度的影响。基于此种情况，从前述这一横向的教育结构入手，对人力资本内部投入结构进一步地展开细分，继而探讨这种细分后的人力资本内部投入结构变动对于我国经济增长的影响，也具有着十分重要的理论和实践意义。

第四，从产业结构的角度入手，对人力资本于产业间的投入结构进行考察，并以此为基础，进一步考察产业间人力资本结构上的变动对于我国经济增长的影响，指出我国产业间人力资本结构在未来的调整和改善方向，也是一件非常具有现实意义的事情。

参考文献

[1] 胡永远，杨胜刚.《经济增长理论的最新进展》[J],《经济评论》, 2003,(3):74–87.

[2] 刘伟，李绍荣.《产业结构与经济增长》[J],《中国工业经济》, 2002,(5):14–21.

[3] Solow, R. M. "A Contribution to the Theory of Economic Growth" [J].The Quarterly Journal of Economics, 1956, 70(1), pp. 65–94.

[4] Romer D. "Advanced Macroeconomics" [J].The Economic Journal, 1996, 1(493), pp. 282–289.

[5] Chenery, H.B. "Patterns of Industrial Growth" [J]. The American Economic Review, 1960, 50(4), pp. 620–654.

[6] Denison, E. F. "Why Growth Rates Differ: Postwar Experience in Nine Western Countries" [M]. Brookings Institution(Washington), 1967.

[7] Chenery,H. B., Robinson, S. and Syrquin, M. "Industrialization and Growth: A Comparative Study" [M]. New York: Oxford University Press,1986.

[8] Feder, G. "Growth in Semi–Industrial Countrie:A Statistical Analysis" [J]., In Industrialization and Economic Growth: A Comparative Study[M]. (ed. Chenery, H. B., Robinson, S. and Syrquin, M.), ch. 9, Oxford University Press,1986.

[9] Syrquin, M. "Productivity Growth and Factor Reallocation" [J].In Industrialization and Growthed: A Comparative Study[M]. (ed. Chenery, H. B., Robinson, S. and Syrquin, M.), Oxford University Press, 1986.

[10] Maddison, A. "Growth and Slowdown in Advanced Capitalist Economies: Techniqucs of Quantitative Assessment" [J]. Journal of Economic Literature, 1987,

25(2), pp. 649-698.

[11] Sonobe,T. and Otsuka, K. "Changing industrial structure and economic development: Prewar Japan revisited" [J]. In the Political Economy of Comparative Development Into the 21st Century: Essays in Memory of John C.H. Fei (ed: Ranis, G., Hu, S.C., Chu, Y.P.), 1999, 1, pp.189-210.

[12] Nelson, R. R. and Pack, H. "The Asian Miracle and Modern Growth Theory" [J].The Economic Journal, 1999,109(457), pp.416-436.

[13] Fagerberg, J. "Technological Progress, Structural Change and Productivity Growth: A Comparative Study" [J].Structural Change and Economic Dynamics, 2000, 11(4), pp. 393-411.

[14] Timmer, M. and Szirmai, A. "Productivity Growth in Asian Manufacturing: The Structural Bonus Hypothesis Examined" [J]. Structural Change and Economic Dynamics, 2000, 11(4), pp.371-392.

[15] Berthelemy, J.C. "The Role of Capital Accumulation, Adjustment and Structural Change for Economic Take-Off: Empirical Evidence from African Growth Episodes" [J].World Development, 2001, 29(2), pp.323-343.

[16] Carree, M. A. "Technological Progress, Structural Change and Productivity Growth: A Comment" [J]. Structural Change and Economic Dynamics, 2003, 14(1), pp.109-115.

[17] Peneder, M. "Structural Change and Aggregate Growth" [R].WIFO Working Paper, Austrian Institute of Economic Research,Vienna,2002.

[18] Singh, L. "Technological Progress, Structural Change and productivity Growth in Manufacturing Sector of South Korea" [R].The Institute of World Economy, Seoul National University, 2004.

[19] Paas, T. "Productivity and economic structure: some empirical lessons of the relationship" [R].Paper of the Regional Studies Association Annual International Conference: "Regional Responses and Global Shifts: Actors, Institutions and

Organizations”, 2010.

[20] 沈坤荣，马俊.《中国经济增长的“俱乐部收敛”特征及其成因研究》[J].《经济研究》,2002,(1):33–39.

[21] 邱晓华等.《中国经济增长动力及前景分析》[J],《经济研究》,2006,(5):4–12.

[22] 韩建雨，支大林，路宇立.《我国产业结构变动和经济增长关系实证研究》[C].《全国高校社会主义经济理论与实践研讨会第 20 次会议论文集》（第四册）,2006.

[23] Bosworth, B. and Collins, S.M. “Accounting for Growth: Comparing China and India” [R]. NBER Working Paper, 2007, No. 12943.

[24] 黄茂兴，李军军.《技术选择、产业结构升级与经济增长》[J].《经济研究》,2009,(7):143–151.

[25] 唐玉娟，高家颂.《产业结构演变与经济增长关系研究——基于 1978–2010 年经验数据的实证分析》[J].《商业时代》,2012,(21):114–115.

[26] 李小平，卢现祥.《中国制造业的结构变动和生产率增长》[J].《世界经济》,2007,(5):52–63.

[27] 刘伟，张辉.《中国经济增长中的产业结构变迁和技术进步》[J].《经济研究》,2008,(11):4–15.

[28] 姚战琪.《生产率增长与要素再配置效应：中国的经验研究》[J].《经济研究》,2011,(11):130–143

[29] 聂辉华，贾瑞雪.《中国制造业企业生产率与资源误置》[J].《世界经济》,2011,(7):27–42.

[30] 干春晖，郑若谷，余典范.《中国产业结构变迁对经济增长的波动和影响分析》[J].《经济研究》,2011,(5):4–16.

[31] Mincer, J. “Investment in Human Capital and Personal Income Distribution” [J]. The Journal of Political Economy, 1958, 66(4), pp. 281–302.

[32] Schultz, T.W. “Investment in Human Capital” [J]. The American

Economic Review, 1961, 51(1), pp. 1–17.

[33] Becker, G.S. "Investment in Human Capital: A Theoretical Analysis" [J]. The Journal of Political Economy, 1962, 70(5), pp. 9–49.

[34] Black,S, E. and Lynch,L,M. "Human–Capital Investments and Productivity" [J].The American Economic Review,1996,86,(2),pp.263–267.

[35] Glaeser, E.L. "The Economics Approach to Cities" [R], NBER Working Paper, http: / /www. nber. org / papers /w13696, 2007.

[36] 胡永远 .《人力资本与经济增长：一个实证分析》[J].《经济科学》,2003,(1):54–60.

[37] Wang,Y. and Yao, Y.D. "Sources of China's Economic Growth 1952–1999: Incorporating Human Capital Accumulation" [J]. China Economic Review,2003, 14(1), pp. 32–52.

[38] 汤向俊 .《资本深化、人力资本积累与中国经济持续增长》[J].《世界经济》,2006,(8):57–64.

[39] 许和连，元朋，祝树金 .《贸易开放度、人力资本与全要素生产率：基于中国省际面板数据的经验分析》[J].《世界经济》，2006,(12)：3–10.

[40] Kuznets, S. "Growth and Structural Shifts" In Economic Growth and Structural Change in Taiwan[J]. (ed. Galenson, W.), Cornell University Press, 1979, pp.15–131.

[41] Oulton, N. and Srinivasan, S. "Productivity Growth in UK Industries, 1970–2000: Structural Change and the Role of ICT" [R]. Bank of England Working Paper Series, 2005, (259), pp. 3–53.

[42] 张世贤 .《论产业投资效率与结构变动方向》[J].《中国工业经济》,2002,(12):28–34.

[43] 罗国勋 .《经济增长与劳动生产率、产业结构及就业结构的变动》[J].《数量经济技术经济研究》,2000,(3):26–28.

[44] 徐现祥，舒元 .《中国经济增长中的劳动结构效应》[J].《世界经济》,2001,(5):17–23.

[45] 郭熙保.《农业剩余劳动及其转移问题：理论思考与中国的经验》[J].《世界经济》,2002,(12):25–32.

[46] 李杨，殷剑峰.《劳动力转移过程中的高储蓄、高投资和中国经济增长》[J].《经济研究》,2005,(2):4–15.

[47] 王小鲁，樊纲，刘鹏.《中国经济增长方式转换和增长可持续性》[J].《经济研究》,2009,(1):4–16.

[48] 薛继亮，李录堂.《我国就业结构变迁与经济增长的互动关系检验——基于时间序列数据的实证研究》[J].《南京社会科学》,2010,(6):1–5.

[49] Ghose, A.K. "Economic Growth & Employment Structure: A Study of Labour Outmigration from Agriculture in Developing Countries" [M]. Geneva: International Labour Office, 1990.

[50] Birdsall, N. and Londonno, J.L. "Asset Inequality Matters: An Assessment of the World Bank's Approach to Poverty Reduction" [J].The American Economic Review, 1997, 82(7), pp.32–37.

[51] Lopez, R., Thomas, V. and Wang, Y. "Addressing the Education Puzzle: The Distribution of Education and Economic Reform" [R]., World Bank Working Paper, 1998, pp. 20–31.

[52] Barro, R.J. and Lee, J.W. "International Data on Educational Attainment Updates and Implication" [J].Oxford Economic Papers, 2001, 53 (3), pp. 541–563.

[53] Thomas, V., Wang, Y. and Fang, X. "Measuring Education Inequality: Gini Coefficients of Education" [R].World Bank Institute, 2001.

[54] 麦迪逊.《世界经济二百年回顾》[M]. 北京：改革出版社,1997.

[55] 中国社会科学院经济研究所经济增长前沿课题组.《开放中的经济增长与政策选择》[J].《经济研究》,2004,(4):4–15.

[56] Barro, R.J. "Government Spending in a Simple Model of Endogenous Growth" [J]. Journal of Political Economy, 1990, 98(5), pp. 103–126.

[57] 娄洪.《长期经济增长中的公共投资政策——包含一般拥挤性公共

基础设施资本存量的动态经济增长模型》[J].《经济研究》,2004,(4):10–19.

[58] Ealton, J. "Sovereign Debt:A Primer" [J]. World Bank Economic Review, 1993, 7(2), pp.137–172.

[59] 胡翠,许召元.《对外负债与经济增长》[J].《经济研究》,2011,(2):19–30.

[60] Schumpeter, J. A. "The Theory of Economic Development. Cambridge" [M]. Harvard University Press, 1911.

[61] 杨龙,胡晓珍.《金融发展规模、效率改善与经济增长》[J].《经济科学》,2011,(1):38–48.

[62] North, D.C. and Tomas R.T. "The Rise of Western World:A New Economic History" [M]. Cambridge University Press, 1973.

[63] Acemoglu, D., Johnson, S. and Robinson, J. "The Colonial Origins of Comparative Development: An Empirical Investigation" [J]. The American Economic Review, 2001, 91 (5), pp.1369–1401.

[64] 方颖,赵扬.《寻找制度的工具变量:估计产权保护对中国经济增长的贡献》[J].《经济研究》,2011,(5):138–147.

[65] Sanchez–Robles, B. "Infrastructure Investment and Growth: Some Empirical Evidence" [J]. Contemporary Economic Policy, 1998, 16(1), pp. 98–108.

[66] 王任飞,王进杰.《基础设施与中国经济增长:基于VAR方法的研究》[J].《世界经济》,2007,(3):13–21.

[67] Chenery, H.B. and Strout, A .M. "Foreign Assistance and Economic Development" [J]. The American Economic Review, 1966, 56(4), pp. 679–733.

[68] 江小涓.《利用外资与经济增长方式的转变》[J].《管理世界》,1999,(2):7–15.

[69] 高铁梅,康书隆.《外商直接投资对中国经济影响的动态分析》[J].《世界经济》,2006,(4):22–30.

[70] 颜鹏飞,王兵.《技术效率、技术进步与生产率增长:基于DEA的实证分析》[J].《经济研究》,2004,(12):55–65.

[71] 赵志耘，吕冰洋，郭庆旺，贾俊雪《资本积累与技术进步的动态融合：中国经济增长的一个典型事实》[J].《经济研究》,2007,(11):18-31.

[72] Lewis, W. A. "Economic Development with Unlimited Supplies of Labour" [J]. Manchester School, 1954, 22(2), pp. 139-191.

[73] Denison, E. F. "The Interruption of Productivity Growth in the United States" [J]. Economic Journal, 1983, 93(369), pp. 56-77.

[74] Dowrick, S., and Gemmell, N. "Industrialization, Catching Up and Economic Growth: A Comparative Study across the World's Capitalist Economies" [J]. The Economic Journal, 1991, 101(405), pp.263-275.

[75] Poirson, H. "Factor Reallocation and Growth in Developing Countries" [R].IMF Working Paper, 2000.

[76] 吴仁洪．《资源再配置与经济体制》[J].《经济研究》,1990,(2):12-19.

[77] 郭克莎．《三次产业增长因素及其变动特点分析》[J].《经济研究》,1992,(2):51-61.

[78] 郭克莎．《中国所有制结构变动与资源总配置效应》[J].《经济研究》,1994,(7):3-13.

[79] Maddison A. "Chinese Economic Performances in the Long Run" [M]. Development Centre of the OECD, 1998.

[80] 胡永泰．《中国全要素生产率：来自农业部门劳动力再配置的首要作用》[J].《经济研究》,1998,(3):31-39.

[81] 蔡昉，王德文．《中国经济增长的可持续性与劳动贡献》[J].《经济研究》,1999,(10):62-68.

[82] 吕铁．《制造业结构变化对生产率增长的影响研究》[J].《管理世界》,2002,(2):87-94.

[83] 张军．《资本形成、工业化与经济增长：中国的转轨特征》[J].《经济研究》,2002,(6):3-13.

[84] Wu,Y. "China ' s Economic Growth: A Miracle with Chinese

Characteristics" [M]., London and NewYork: Routledge Curzon, 2004

[85] 方军雄.《市场化进程与资本配置效率的改善》[J].《经济研究》,2006,(5):50-61.

[86] Ozyurt, S. "Total Factor Productivity Growth in Chinese Industry: 1952-2000" [R]. University of Montpellier Working Papers, http://www.lameta.Univ-montp1. fr/Fr/Productions/Documents/DR2007-13. pdf, 2007.

[87] 李小平,陈勇.《劳动力流动、资本转移和生产率增长——对中国工业"结构红利假说"的实证检验》[J].《统计研究》,2007,(7):22-28.

[88] 高文博.《经济转型时期中国劳动力再配置问题研究》[D]. 吉林大学博士学位论文,2008.

[89] 张军,陈诗一,Gary H. Jefferson.《结构改革与中国工业增长》[J].《经济研究》,2009,(7):4-20.

[90] 温杰,张建华.《中国产业结构变迁的资源再配置效应》[J].《中国软科学》,2010,(6):57-67.

[91] 曾先锋,李国平.《资源再配置与中国工业增长:1985~2007》[J].《数量经济技术经济研究》,2011,(9):3-18.

[92] 赵春雨,朱承亮,安树伟.《生产率增长、要素重置与中国经济增长——基于分行业的经验研究》[J].《中国工业经济》,2011,(8):79-88.

[93] Uzawa, H. "Optimum Technical Change in an Aggregative Model of Economic Growth" [J]. International Economic Review, 1965, 6(1), pp.526-538.

[94] Romer, Paul. "Increasing Returns and Long Run Growth" [J]. The Journal of Political Economy, 1986, 94 (5), pp. 1002-1037.

[95] Lucas, R. "On the Mechanics of Economic Development" [J].,Journal of Monetary Economics, 1988, 22 (1), pp. 25-36.

[96] Barro, R.J. and Sala-i-Martin, X. "Economic Growth" [M].The MIT Press, 1995.

[97] Castello, A. and Domenech, R. "Human Capital Inequality and Economic

Growth: Some New Evidence" [J]., The Economic Journal, 2002, 112 (2), pp.187–200.

[98] Castello, A. "Channels through Which Human Capita Inequality Influences Economic Growth" [J]., Journal of Human Capital, 2010,4(4), pp.394–450.

[99] 李秀敏 .《人力资本、人力资本结构与区域协调发展——来自中国省级区域的证据》[J].《华中师范大学学报》(人文社会科学版),2007,(3):47–56.

[100] [100]Vandenbussche, J., Aghion,P. and Meghir, C. "Growth, Distance to Frontier and Composition of Human Capital" [J]. Journal of Economic Growth, 2006, 11(2) .pp.99–127.

[101] 廖楚晖 , 杨超 .《人力资本结构与地区经济增长差异》[J].《财贸经济》,2008,(7):54–68.

[102] 朱承亮等 .《人力资本、人力资本结构与区域经济增长效率》[J].《中国软科学》,2011,(2):110–119.

[103] 李业俊 , 司婕 .《浅析我国产业结构的变动和调整》[J].《当代经济》,2007,(10):92–94.

[104] 周业安 , 赵坚毅 .《市场化、经济结构变迁和政府经济结构政策转型——中国经验》[J].《管理世界》,2004,(5):9–17.

[105] 王岳平 .《"十一五"时期我国产业结构变动趋势及政策建议》[J].《宏观经济研究》,2004,(3):22–26.

[106] 杨豪 .《中国农民大迁徙》[M]. 浙江 : 浙江文艺出版社 ,2007.

[107] 干春晖 , 郑若谷 .《改革开放以来产业结构演进与生产率增长研究——对中国 1978–2007 年"结构红利假说"的检验》[J].《中国工业经济》,2009,(2):55–65.

[108] 张军 , 吴桂英 , 张吉鹏 .《中国省际物质资本存量估算 :1952~2000》[J].《经济研究》,2004,(10):35–44.

[109] Fabricant, S. "Employment in Manufacturing, 1899–1939: An Analysis of its Relation to the Volume of Production" [R]. NBER Working Paper, 1942.

[110] Massell, B. F. "A Disaggregated View of Technical Change" [J]. The

Journal of Political Economy, 1961, 69(6), pp.547--557.

[111] Solow, R.M. “Technical Change and the Aggregate Production Function” [J]. The Review of Economics and Statistics ,1957, 39(3), PP.312–320.

[112] 黄少安，韦倩.《合作与经济增长》[C].《(第十届)中国制度经济学年会论文集》,2010,51–64.

[113] 郑若谷，干春晖，余典范.《转型期中国经济增长的产业结构和制度效应——基于一个随机前沿模型的研究》[J].《中国工业经济》,2010,(2):58–67.

[114] 侯亚非.《人口质量与经济增长方式》[M]. 北京：中国经济出版社 ,2000.

[115] 杨立岩，潘慧峰.《人力资本、基础研究与经济增长》[J].《经济研究》,2003,(4):72–78.

[116] 王小鲁等.《中国经济增长的可持续性——跨世纪的回顾与展望》[M]. 北京：经济科学出版社 ,2000.

[117] 袁志刚，解栋栋.《中国劳动力错配对 TFP 的影响分析》[J].《经济研究》,2011,(7):4–17.

[118] 赵志耘，刘晓路，吕冰洋.《中国要素产出弹性估计》[J].《经济理论与经济管理》,2006,(6):5–11.

[119] 罗长远，张军.《经济发展中的劳动收入占比：基于中国产业数据的实证研究》[J].《中国社会科学》,2009,(4):65–79.

[120] 刘岩.《人力资本与资本存量对中国地区收入差异的影响》[J].《中国市场》,2012,(22):39–42.

[121] 岳昌君.《高等教育人口比重的国际比较》[J].《比较教育研究》,2004,(2):11–15.

[122] 刘笑飞.《世界人口大国高等教育人口比重的比较研究》[J].《天中学刊》, 2007,(1):117–127.

[123] 陈至立.《我国中高等教育入学率落后发达国家 30 年》[EB/OL]. 搜狐新闻网 ,http://news.sohu.com/20070517/n250076308.shtml,2007 年 5 月 17 日。

后　记

“转方式、调结构”，是“十二五”及未来一段时期我国经济发展的主旋律。在已有研究侧重于关注生产要素总量投入、生产要素相互之间投入结构的情况下，本书力图转变思路，继而将目光聚焦在生产要素内部投入结构上，并立足于对生产要素内部投入结构变动对于中国经济增长的实际影响展开理论探索和实证考察。

应该说，该思路最初能够形成，主要得益于刘伟和李绍荣在中国工业经济发表的“产业结构与经济增长”（2002年第5期）一文。在这篇文章中，两位作者通过建立具有变产出弹性特征的生产函数模型，对中国经济增长的动力等问题进行了实证考察。正如书中所提到，该模型的可贵之处在于，其将产业结构等结构性要素变动影响经济增长的逻辑，解释为其改变了生产要素的边际产出弹性（也即要素的产出效率），不仅给读者带来耳目一新的感觉，而且也极大地拓展了笔者本人的思路。

然而，在笔者看来，诸如产业结构等结构性因素的变动之所以会影响要素的产出效率，根本还在于其背后所发生的生产要素内部投入结构的变动。认识到了这一点，笔者兴奋不已，并通夜撰写了一篇题为“生产要素内部投入结构与中国经济增长”一文，经过邮寄投稿，两次外审，该文在2012年第6期的《世界经济》上成功发表。这给笔者带来了极大的鼓励和信心。鉴于文中还有很多值得更为深入展开讨论的问题，因此又索性将其进行拓展和延伸，继而用两个半月左右的时间，完成了题为“中国经济增长中的要素内部投入结构问题研究”的博士学位论文的撰写。

这本书稿吸收了笔者博士论文中的部分成果，并在此基础上进行了全面的拓展和完善。随着“十二五”规划逐渐接近尾声，期望这本书的出版，能够有助于我们重新审视并客观评价“十二五”期间我国的转方式和调结构道路，并为“转方式、调结构”经济发展战略在今后的更为有效落实略尽微薄之力。

栾大鹏

2014年春于北京呼家楼